Aprender Programación Orientada a Objetos con Python

(con ejercicios prácticos y corregidos)

3ª edición

Vincent Boucheny

ISBN: 978-2-409-05152-4
Edición original: 978-2-409-04822-7

Ediciones ENI

Pº Ferrocarriles Catalanes, 97-117, 2a pl. of. 18
08940 - Cornellà de Llobregat (Barcelona)

Tel: 934 246 401
Fax: 934 231 576

e-mail: info@ediciones-eni.com
http://www.ediciones-eni.com

Autor: Vincent Boucheny
Edición española: Angel Mª Sánchez Conejo
Colección **Recursos Informáticos** dirigida por Émilie Villetorte

Para poder acceder durante un año a la versión online de este libro, envíenos su justificante de compra a

librodigital@ediciones-eni.com

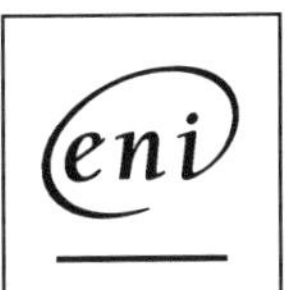

Prólogo

La Programación Orientada a Objetos (POO), ha dado un gran paso adelante en el mundo de la informática: el de facilitar la resolución de los problemas del mundo real por la potencia de cálculo de los ordenadores. Este libro le enseñará los principios de este paradigma de programación, para que pueda "pensar" en objetos, le ayudará a ponerlos en práctica a través del código Python y, lo más importante, le ayudará a adoptar la forma correcta de reflexionar en materia de desarrollo de software.

Seguramente encontrará otros principios de programación en su vida, y la orientación a objetos tendrá que ser parte de su bagaje, ya que los lenguajes que la siguen son numerosos y habituales: C++, Java, C#, PHP, Ruby, etc. y por supuesto Python. Grandes proyectos como Google, el gran colisionador de hadrones de Ginebra, Firefox, etc. utilizan Python como lenguaje de desarrollo y, dado su éxito, debemos admitir que esta herramienta es potente. Muy potente.

Diseñar una aplicación resolviendo problemas industriales o científicos, desarrollarla rápidamente y con código legible y mantenible, probarla fácilmente y desplegarla sin temor, son los objetivos del lenguaje Python, de la programación orientada a objetos en general, y de este libro en particular. Porque desarrollar va mucho más allá de crear líneas de código: se trata de vigilar el correcto funcionamiento del software a lo largo de su ciclo de vida.

Ponerlo en funcionamiento es solo la punta del iceberg: tenemos su evolución, mantenimiento, mejoras, correcciones, etc.

A lo largo de estas páginas, descubrirá por qué nació y tuvo éxito la programación orientada a objetos, cuáles son los principios básicos y algunos ejemplos. Un capítulo le ayudará a configurar su entorno Python y familiarizarse con su herramienta. Luego se sumergirá en el meollo del asunto con la implementación de principios orientados a objetos en Python, a través de muchos ejemplos detallados. Con estos conceptos de programación adquiridos, se sentirá más cómodo al percibir el poder de los patrones de diseño o design patterns, estos principios algorítmicos reutilizables, para resolver ciertos problemas recurrentes. Como no queremos reinventar la rueda, se detallarán algunas librerías de Python para que pueda interconectar su aplicación con el exterior, ya sea a través de una interfaz gráfica, una base de datos o el intercambio de flujos XML. Finalmente, el último capítulo, menos técnico, le dará consejos sobre la profesión de desarrollador, que va mucho más allá del simple hecho de escribir código.

Python es más que un lenguaje, es una comunidad. No dude en ir a https://www.python.org/community/ para sumergirse en esta gran familia, aprender de sus compañeros y debatir entre entusiastas.

Algunos detalles sobre este libro:

- Las palabras en fuente `Courier` se corresponden con elementos de código (variables, clases, métodos, etc.).
- En los fragmentos de código:
  - Las líneas que comienzan con >>> representan lo que se muestra en la salida estándar.
  - Las líneas que comienzan con <<< representan lo que el usuario ingresó en la entrada estándar.
  - En Python, los comentarios están precedidos por el símbolo de almohadilla (#).
- El contenido de este libro está destinado a un público con conocimientos básicos de programación: asignación, vida útil de las variables, llamada a funciones, etc.

- Este libro asume que está mínimamente familiarizado con su sistema operativo preferido. Al menos conoce los conceptos de lectura o escritura en un archivo, salida estándar o línea de comandos.
- Incluso si los ejemplos están en español, Python sigue mostrando los mensajes de error en inglés, así como su documentación y su instalación. Es preferible tener un nivel correcto de comprensión para sentirse cómodo en el mundo del lenguaje.

Contenido

Puede solicitar los archivos complementarios
de este libro escribiendo a **comercial@ediciones-eni.com**

Capítulo 3
Presentación del entorno Python

Capítulo 4
Los conceptos de la POO con Python

Capítulo 5
Vista rápida de algunos design patterns

Capítulo 6
Ir más lejos con Python

Capítulo 7
Algunas buenas prácticas

Capítulo 1
La aparición de la POO

1. Orígenes de la POO

La programación es el proceso mediante el cual un humano transforma cualquier necesidad (cálculos matemáticos, uso de un instrumento musical, tejido, etc.), en una secuencia de instrucciones ejecutadas por un autómata. Mucho antes que las computadoras, los inventores encontraron una forma de hacer que las máquinas realizaran ciertas tareas repetitivas (operaciones matemáticas simples, activar los fuelles de un órgano, etc.).

A principios del siglo XIX, Joseph Jacquard (inventor francés del telar) creó un telar programable utilizando tarjetas perforadas, lo que permitió tejer patrones complejos con menos trabajo. Esta invención se considera el primer autómata programable, el antepasado del ordenador.

A partir de 1812, un matemático británico llamado Charles Babbage decidió diseñar una máquina que pudiera calcular con precisión tablas matemáticas. Antes de la llegada de las calculadoras, los resultados de las operaciones trigonométricas o logarítmicas se listaran en tablas, que eran utilizadas por astrónomos y cartógrafos. Siendo el error humano, estas tablas a menudo estaban plagadas de errores, lo que provocó un buen número de accidentes de navegación. Charles Babbage, inspirado por Blaise Pascal (matemático francés) y su máquina aritmética Pascaline, se propone diseñar una máquina que calcule estas operaciones rápidamente y con una gran precisión.

En 1842, la matemática Ada Lovelace tradujo al inglés una memoria de Charles Babbage sobre esta famosa máquina analítica, que funcionaba con las tarjetas perforados de Jacquard. Su traducción estaba intercalada con notas que escribió, describiendo un algoritmo para calcular los números de Bernouilli (una serie de números racionales). Este algoritmo se considera el primer programa suficientemente abstracto para implementarse en un ordenador.

A partir de la segunda mitad del siglo XX, comenzaron a aparecer los transistores. Estos componentes electrónicos pueden actuar como interruptores en un circuito: dejan pasar corriente o no. Así se codifican el "0" y el "1", que son los componentes del lenguaje binario: la corriente que pasa representa un 1, la corriente que no pasa, un 0. Los transistores son una revolución en comparación con sus antecesores, los tubos electrónicos o de vacío, que eran más frágiles, consumían más energía y, sobre todo, eran más lentos. El hecho de no tener que esperar varios segundos para que el componente estuviera listo para funcionar, aumentó drásticamente la velocidad de procesamiento del lenguaje binario. El procesador de la máquina, que solo sabe manejar bits, realiza diversas operaciones (suma, comparación, salto en el programa, etc.) en función de la serie de ceros y unos que recibe. En sí mismas, estas secuencias binarias ya son un lenguaje, que ciertamente incluye solo dos símbolos, pero integra un vocabulario asociando las “palabras” con las operaciones y una gramática para poder combinar lógicamente estas operaciones.

Desde entonces, han surgido muchos lenguajes informáticos para ayudar a los programadores a comunicar sus problemas al ordenador. A partir del binario, que es el medio de expresión de la máquina, se han creado lenguajes más fácilmente manipulables por los humanos. Primero el lenguaje ensamblador, donde las secuencias de bits que definen las operaciones del procesador reciben nombres (`ADD`, `SUB`, `JUMP`, etc.), luego lenguajes que se abstraen más de las instrucciones de la máquina, como FORTRAN o COBOL.

2. Necesidad de un lenguaje de más alto nivel

Frente a la mejora exponencial en las capacidades de memoria y velocidad de computación, la informática comenzó a abrirse paso en los sectores industriales. Los lenguajes de programación se debían adaptar para poder utilizarse fuera del ámbito académico y militar, y para responder a los diversos problemas que se presentaban en las empresas (bancos, seguros, gestión de inventarios, nóminas, etc.). Para difundir la programación informática en el mundo, era necesario abstraerse más de la máquina para centrarse en el lado humano, es decir, inventar lenguajes de alto nivel.

Cuanto más se acerca un lenguaje al lenguaje binario de la máquina, de más bajo nivel es. Por el contrario, cuanto más se abstrae un lenguaje de la máquina y se acerca a una forma humana de pensar, se califica como de más alto nivel.

Tan pronto como nos alejamos del binario, las posibilidades de expresión se multiplican, al igual que los estilos de programación y los lenguajes que los implementan. Con la democratización de la herramienta informática, las necesidades se vuelven cada vez más variadas y complejas. Los programas requieren de herramientas cada vez más prácticas y elaboradas, para aportar respuestas de forma rápida y eficaz.

Para responder a esta necesidad, varios paradigmas de programación, entre ellos el paradigma imperativo. Como su nombre indica, los programas que describe son una serie de comandos que debe ejecutar el ordenador con el objetivo de cambiar valores en áreas de memoria. La programación orientada a objetos ha enriquecido este paradigma imperativo, para facilitar la transposición de problemas industriales concretos en algoritmos ejecutables por el ordenador.

Si hoy están surgiendo nuevos paradigmas de programación, en particular en respuesta al crecimiento extremo de la Web, la orientación a objetos, a pesar de su antigüedad, sigue siendo una parte esencial de la programación informática.

El primer lenguaje considerado como orientado a objetos es Simula, creado en la década de 1960 por los noruegos Ole-Johan Dahl y Kristen Nygaard. Introducía, entre otras, las nociones de clase, herencia, objeto y sería fuente de inspiración para muchos otros lenguajes, en particular C++. La programación orientada a objetos se convirtió en el paradigma de programación dominante en la década de 1990, en particular por la gran diversidad de lenguajes que siguen esta filosofía, pero también por la aparición de entornos de desarrollo integrados (IDE: *Integrated Development Environment*). Python figura entre todas estas herramientas de desarrollo.

Python fue desarrollado a finales de la década de 1980 por Guido van Rossum, un programador holandés que escribió una versión temprana de Python para "ocupar su semana de vacaciones de Navidad". El objetivo de este nuevo lenguaje es servir como intérprete de comandos para un sistema operativo llamado Amoeba. Guido van Rossum bautiza su lenguaje en honor a los comediantes ingleses Monty Python, de los que es un gran admirador.

El diseñador de Python que trabaja para grandes centros de investigación y universidades, da a conocer su lenguaje en estos círculos, quienes lo adoptan por su sencillez, legibilidad y potencia. Posteriomente, forman un equipo para hacerlo evolucionar. En 2001 se creó una asociación sin ánimo de lucro, la Python Software Foundation, para gestionar mejor los derechos relacionados con el lenguaje (a través de una licencia específica de Python), promoverlo y gestionar su financiación.

Hoy en día, Python reúne a una comunidad internacional de participantes, está enriquecido con una multitud de librerías y se utiliza en una amplia gama de profesiones. Su sencillez, potencia, legibilidad y flexibilidad han seducido a muchos informáticos y, aunque no sea perfecto (pero, ¿qué lenguaje lo es?), Python sigue siendo una excelente herramienta para desarrollar una aplicación, sea cual sea el campo de actividad.

Capítulo 2
Los conceptos de la POO

1. Modelado

El paradigma de la programación orientada a objetos consiste en representar los conceptos de negocio, así como los actores que interactúan con ellos, como estructuras de software llamadas "objetos". Los distintos objetos del programa contienen datos y tienen un comportamiento definido por su implementación. También interactúan entre sí, utilizándose mutuamente para llevar el programa a cumplir su objetivo.

Una de las etapas más importantes (si no la más importante), es el **modelado del programa**. Consiste en enumerar los objetos que necesitará la aplicación y definir sus relaciones. Esta etapa puede incluir varios niveles de abstracción más o menos altos: de la descripción a gran escala de las partes de la arquitectura, hasta los detalles de la implementación de los objetos finales que se desarrollarán, pasando por tantos niveles intermedios como sea necesario para la comprensión del proyecto.

Las partes de alto nivel no se preocupan por los problemas técnicos de la implementación: se trata de organizar los conceptos de negocio que representan el problema que el software intentará resolver. También es muy útil llamar a una persona del "negocio" durante la fase de modelado de un programa de software, para asegurarse de que este se estructura de forma coherente con respecto al negocio.

Los modelos de bajo nivel afectan a las estructuras de datos, la gestión de la memoria y a las entradas/salidas, pero sin hacer referencia directa al lenguaje de programación que se utilizará. En la práctica, es bastante ilusorio imaginar que un esquema como este permanecerá congelado en el tiempo: surgirán problemas técnicos y requerirán un nuevo objeto aquí, una nueva relación allá, etc.

La etapa de modelado es un trabajo colaborativo entre personas de diferentes áreas del negocio. Por tanto, necesitamos un lenguaje común, que todos puedan entender, para poder llevar a cabo esta tarea con éxito. Por esto motivo apareció, UML.

UML (*Unified Modeling Language* - lenguaje de modelado unificado) es un lenguaje visual creado en la segunda mitad de la década de 1990 por Grady Booch, Ivar Jacobson y James Rumbaugh. Su objetivo es producir un lenguaje **estandarizado** para visualizar el modelado de un programa. La estandarización es un punto importante, porque al ser UML una herramienta de comunicación, debe estar exento de cualquier ambigüedad o incertidumbre. Todo el software de modelado UML utiliza la misma representación gráfica y los mismos términos para calificar los componentes de un esquema. Desde 2005, el lenguaje UML ha sido un estándar ISO.

El modelado de un software desarrollado utilizando un lenguaje orientado a objetos es un ejercicio de comunicación vital si el desarrollo se realiza en equipo. Es el cliente quien expresa sus necesidades de negocio y depende de usted transcribirlas en UML. Como en toda comunicación, pueden aparecer falta de comprensión o diferentes interpretaciones: dificultades de expresión, vocabulario diferente, falta de atención, suposiciones, etc. El alma del software tomará forma dialogando, haciendo preguntas y reformulando su punto de vista. Las líneas de código se entenderán mucho más fácilmente.

Si usted es el único que trabaja en el proyecto, esta etapa también le permite definir visualmente la arquitectura general del software y, si actúa correctamente, le animará a enumerar las diferentes funcionalidades a desarrollar.

Iniciar un proyecto con sólo una vaga idea de la solución que proporciona, tiene un riesgo muy alto de hacerle perder el tiempo. Los avances logrados y probados el lunes se enfrentarán a obstáculos inesperados el miércoles y es posible que tengan que dar paso a un código completamente nuevo el viernes. Más allá de las líneas del programa, las ideas también cambian y, como los sueños, éstas pueden parecer obvias y claras en el momento en que nuestro cerebro las concibe, pero mucho más crípticas y evasivas a medida que pasa el tiempo. Razón de más para fijar su arquitectura, anotando comentarios si es posible, para que no pierda tiempo pensando en algo que ya ha pensado, pero que no consigue recordar.

Un diagrama UML no garantiza que la arquitectura elegida sea la mejor, y ciertamente, no es un documento escrito en piedra que permanecerá fijo hasta el final del proyecto. A menos que dedique mucho tiempo a pensar en ello, es imposible prever todos los problemas que surgirán durante el avance del proyecto. Ya sea la incorporación de clases de herramientas para facilitar el trabajo, la definición de nuevos miembros privados para garantizar buenos resultados de cálculo, la evolución del perímetro funcional, etc. Todo ello modificará la cantidad de clases, su contenido y las relaciones entre ellas. Esto es bastante normal: la teoría de UML se adapta a la realidad del software y se refina a medida que evoluciona.

2. Objeto y clase

Un objeto representa un concepto de negocio, una pieza de abstracción del software cuyo objetivo es resolver un problema único y concreto, manteniendo la simplicidad y la manipulación intuitiva.. Es una entidad fácil de visualizar mentalmente, cuyo papel en el gran tablero de ajedrez de la arquitectura del software está definido, restringido, y cuyas relaciones con otros objetos son lógicas y armoniosas. Si durante el diseño un objeto suscita la más mínima vacilación, entonces será necesario explicar su razón de ser, argumentar, reflexionar y posiblemente aplicarle algunos cambios para legitimar su utilidad y su lugar.

Una clase es la **definición** de un objeto e incluye:

- su nombre;
- sus atributos, es decir, los datos que definen su estado;
- sus métodos, es decir, las funciones que implementa y que definen su comportamiento.

Los atributos de una clase representan las propiedades del concepto que representa la clase. Dentro de la clase, sus propiedades tienen un nombre y se les puede asignar un valor, que puede cambiar con el tiempo según sea necesario. Con mucha frecuencia este valor es tipado, ya sea con un tipo simple, como un número entero o una cadena de caracteres: un tipo complejo, con mayor frecuencia otra clase definida por un desarrollador o que ya forma parte del lenguaje.

Si queremos representar un cliente de un sitio web de venta en línea `Cliente`, teniendo como atributos su identificador, fecha de nacimiento y su número de puntos de fidelidad. para compensar su eventual lealtad Aquí está su representación en un diagrama de clases UML:

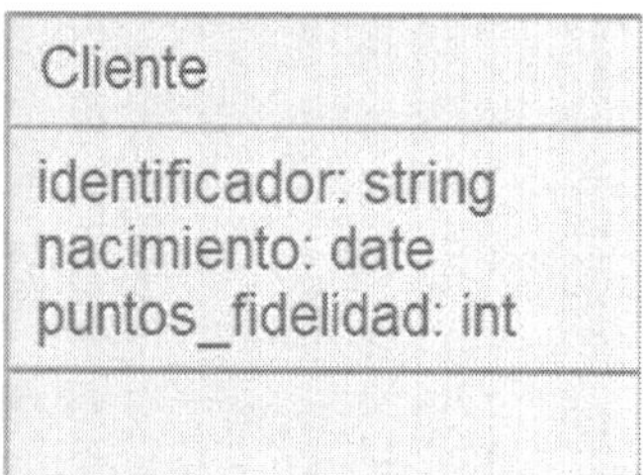

En UML, los atributos se describen primero por su nombre y luego por el tipo de datos que se les asigna. Aquí, la fecha de nacimiento es una fecha, el número de puntos de fidelidad es un número entero y el identificador es una cadena de caracteres.

Los métodos de una clase son las acciones, algoritmos o comportamientos esperados por el concepto que representa la clase. Se trata de funciones que toman parámetros como entrada y que pueden provocar un efecto secundario o devolver un valor.

En nuestro sitio web de venta en línea, un cliente puede:

- sustituir su dirección de entrega por una nueva dirección, representada por una cadena de caracteres;

- hacer un pedido, que puede contener una lista de artículos que habrá incluido en la cesta de la compra.

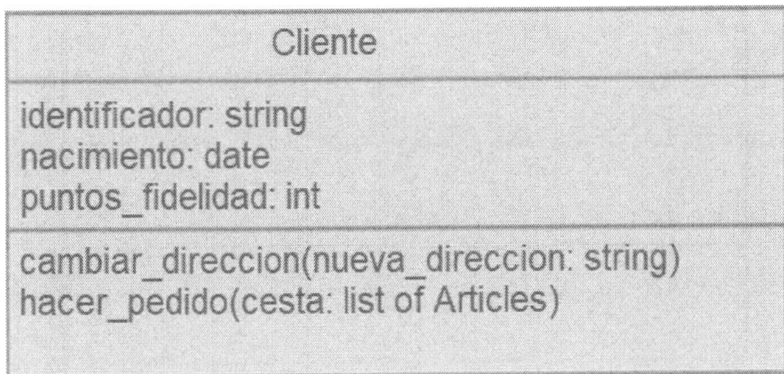

Observación

Designamos por "miembro" de una clase a un atributo o método de esta clase.

Algunas precisiones:

- En UML, los atributos se enumeran en la parte superior del rectángulo que representa la clase. Los métodos lo son en la parte inferior.
- El tipo de los atributos se debe indicar. Esto permite mejorar la legibilidad del esquema y facilitar su traducción a un lenguaje de programación (algún software permite esta operación).

3. Encapsulación

Uno de los paradigmas de la programación orientada a objetos es que cada clase debe tener acceso al mínimo estricto de información necesaria para cumplir su función. Una gestión demasiado laxa del acceso a la información puede provocar fallos, malentendidos en el código y dependencias innecesarias, incluso perjudiciales para el proyecto.

Hay tres niveles de visibilidad para los miembros de una clase, representados por diferentes símbolos en UML:

- Visibilidad pública (símbolo +): el miembro es accesible para todas las demás clases del programa.
- Visibilidad protegida (símbolo #): el miembro es accesible solo para las clases derivadas de la clase en cuestión (las clases derivadas se presentan en la sección Herencia).
- Visibilidad privada (símbolo -): el miembro es accesible solo para la clase que le declara.

El interés de la visibilidad es controlar el acceso a los miembros de una clase por el resto del programa. Por ejemplo, algunos pueden ser accesibles en modo lectura, pero no en modo escritura, por ejemplo. En este caso, es conveniente proporcionar el método que permite modificarlos. O bien hay atributos que son útiles solo para la clase que los define, para realizar cálculos complicados. La modificación de estos atributos podría provocar un error de cálculo, de ahí el interés de enmascararlos. Y si no le interesan a nadie más que a la clase que los usa, ¿por qué implementar un método de acceso que no servirá de nada? Nuevamente: una clase debe tener acceso solo a lo que le permita cumplir su función. Cualquier relación o conocimiento superfluo representado por el código, conduce a un mantenimiento adicional y aumenta el riesgo de errores.

Para controlar el acceso a los atributos de una clasae, es necesario encapsular con método que llamamos acertadamente métodos de acceso. Generalmente, estos getters son: un *getter* para recuperar el valor del atributo y un *setter* para asignarle un valor. Una vez que se implementan estos métodos de acceso, el atributo encapsulado se puede hacer privado para evitar cualquier acceso directo. Sin embargo, estos métodos de acceso no son obligatorios y no necesariamente vienen en un par *getter/setter*. Todo depende de cómo usemos el atributo.

Persona
- nacimiento: date - nombre: string - ss: int
+ coger_vacaciones(inicio: date, fin: date) + dirige(equipo: list of Persona) + recuperar_nombre(): string + edad(): int + recuperar_numero_secu(solicitante: Persona): int

Por experiencia, dado que generalmente se acepta asignar menos visibilidad a los métodos que son semánticamente internos al concepto que representa la clase, el principio de crear getters para atributos que se consideran intrínsecamente públicos es menos intuitivo. Dado que la intención de exponer esta información es intencionada y tiene sentido, ¿por qué agregar código intermedio para acceder a ella? La respuesta es solo una palabra: control.

Los lenguajes de programación orientados a objetos definen un operador de acceso a un miembro de clase (muy a menudo el operador punto **.**). Dado que este operador es parte del lenguaje, usted no tiene control sobre cómo se realiza el acceso. Sin embargo, es posible que necesite comprobar si el llamador tiene derecho a acceder a este miembro, de acuerdo con ciertas reglas de negocio específicas. O incluso contar el número de veces que se ha accedido a este miembro. O incluso fechar esta llamada en un archivo de log, etc. Hay muchos casos de uso en los que el acceso simple a un atributo no es suficiente. Para que su programa sea robusto a los cambios, los getters son una excelente manera de protegerse contra los caprichos del futuro, a costa de dos o tres líneas de código.

Observación

Los getters son solo un detalle de una implementación y no tienen un espacio real en UML, donde se manejan los conceptos comerciales y donde los problemas de programación son irrelevantes. Por lo tanto, se pueden omitir de los esquemas. Sin embargo, algunos paquetes de software UML permiten la generación automática de código y pueden requerir la presencia de estos getters para generarlos.

La encapsulación introduce un concepto extremadamente importante en el mundo de la programación, el de la *dependencia*. Una dependencia aparece cuando una clase o uno de sus miembros necesita otra clase para funcionar. Si, por ejemplo, tuviéramos que diseñar un sistema que represente un juego en el que se lanzan dados, una representación UML podría ser:

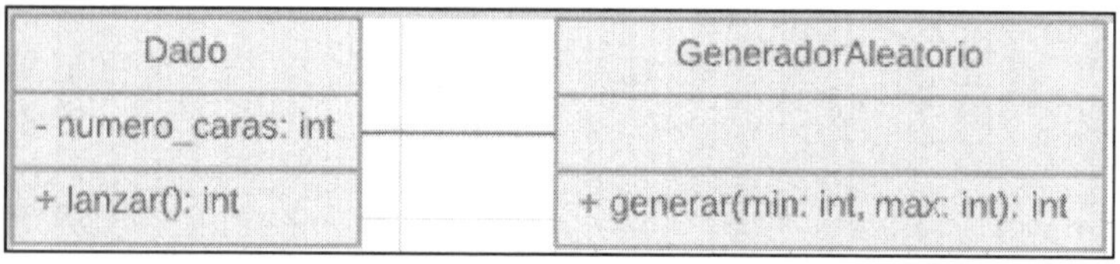

Dado
- numero_caras: int
+ lanzar(): int

GeneradorAleatorio
+ generar(min: int, max: int): int

Un dado es un sólido cuyas caras se corresponden con valores y cuyo comportamiento esperado es seleccionar una cara "al azar". Sin entrar en detalles, la generación de valores aleatorios no es tan trivial en informática y por lo tanto, no sería apropiado darle a un solo `Dado` la responsabilidad de este trabajo. De ahí la creación de una clase `GeneradorAleatorio` para la que este trabajo es su especialidad.

Por lo tanto, la clase `Dado` usará la clase `GeneradorAleatorio` en su método `lanzar()` para indicar qué cara resultará de un lanzamiento. La dependencia no es visible en los atributos o prototipos del método, pero la implementación del método `lanzar()` dependerá de la clase `GeneradorAleatorio`: tendrá que instanciarlo, llamar al método `generar()` y usar el resultado devuelto. Es una dependencia de "compilación" en el sentido de que, si el método `generar()` cambia de nombre o firma, entonces el método `lanzar()` de la clase `Dado` llamará a un método que ya no existe en la clase `GeneradorAleatorio`.

Observación

Es bastante confuso leer el término "compilación" en un capítulo dedicado a UML, que por definición se abstrae de cualquier lenguaje informático. Del mismo modo, definir enlaces de dependencia para la implementación del método, también parece prematuro aquí. Dicho esto, se supone que un esquema UML comunica la información de modelado del programa. Saber de antemano que algunas clases dependerán de otras, incluso para cuestiones externas al modelado, es una información importante que tiene su lugar en dicho documento.

Más allá de la dependencia de nombres, también existe una dependencia del comportamiento. De hecho, si la implementación del método `generar()` tuviera un error que favoreciera ciertos valores, entonces el comportamiento de la clase `Dado` se modificaría, falseando los lanzamientos. Esto puede tener un resultado bastante desastroso si su proyecto se utiliza para juegos de casino. Este tipo de dependencia solo se pueden detectar con un conjunto de pruebas exhaustivas, cuyo objetivo es verificar que el comportamiento de la aplicación es el deseado.

Exponer métodos públicos es necesario para que una clase sea útil, pero a costa de introducir un riesgo de dependencia de esa clase. Si decide cambiar un miembro de la clase que utilizan otras 10 clases, corre el riesgo de 10 nuevos errores. El autor de una clase no necesariamente tiene control sobre quién llamará a sus métodos. Por lo tanto, debe protegerse tanto como sea posible ofreciendo siempre miembros estables. Esta estabilidad se obtiene asignando nombres explícitos y estandarizados a los miembros de una clase, así como comportamientos intuitivos y esperados para sus métodos. Estos dos criterios evitarán cambios de nombre disruptivos y cambios de algoritmo arriesgados.

La encapsulación es un concepto extremadamente importante en la programación orientada a objetos, que va mucho más allá de agregar getters a sus atributos. Mejora la calidad del modelado ofreciendo libertad en la estructura interna, mientras garantiza un uso coherente e intuitivo. Permite un mayor control de los atributos de una clase, al facilitar la implementación del código de validación o la integridad de los datos al leerlos o escribirlos. Acentúa la separación de responsabilidades entre clases, fomentando un trabajo más reflexivo durante el modelado, lo que hará que el programa sea más flexible y escalable.

4. Agregación y composición

4.1 Agregación

Una agregación es una relación entre dos clases donde una "posee" a otra. En UML, esta relación se simboliza con una línea que conecta las dos clases, donde el final vinculado a la clase del "contenedor" termina con un diamante vacío. También es posible especificar la cardinalidad de esta relación. En UML, generalmente se elige una cardinalidad entre los siguientes valores:

- `0..1`: "A tiene una cardinalidad `0..1` hacia el objeto B", significa que el objeto A puede contener cero o solo un objeto B.
- `1`: "A tiene una cardinalidad de `1` hacia el objeto B", significa que el objeto A contiene uno y solo un objeto B.
- `*` o `0..*`: "A tiene una cardinalidad de `*` hacia el objeto B", significa que el objeto A puede contener cero, uno o más objetos B.
- `1..*`: "A tiene una cardinalidad de `1 .. *` hacia el objeto B", significa que el objeto A debe contener al menos un objeto B.

Algunas cardinalidades pueden ser más precisas (`2..5` por ejemplo), pero ciertas herramientas de modelado solo permiten los cuatro valores enumerados anteriormente.

Si se especifica una cardinalidad desde el contenido hasta el contenedor, proporciona información sobre la cantidad de contenedores potenciales que pueden poseer el contenido (consulte el siguiente ejemplo).

La cardinalidad en UML es importante para comprender mejor el esquema funcional en general, pero también puede ayudar a la implementación de la clase al prohibir ciertas estructuras (una cardinalidad `1..n` se debe implementar como una lista, mientras que una cardinalidad `0..1`) estaría mejor representada por un tipo opcional).

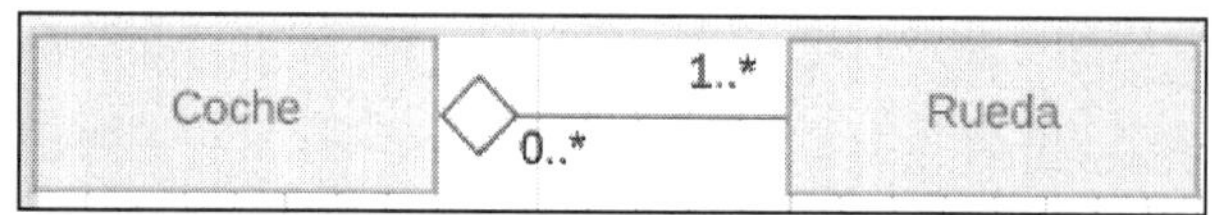

Una instancia de `Coche` tendrá cero (chatarra) o más instancias de `Rueda`. Por otro lado, una `Rueda` solo puede ser propiedad de cero (pieza de repuesto) o de un solo `Coche`.

4.2 Composición

Una composición es una agregación fuerte: cuando el contenedor se destruye, las instancias del contenido también lo son.

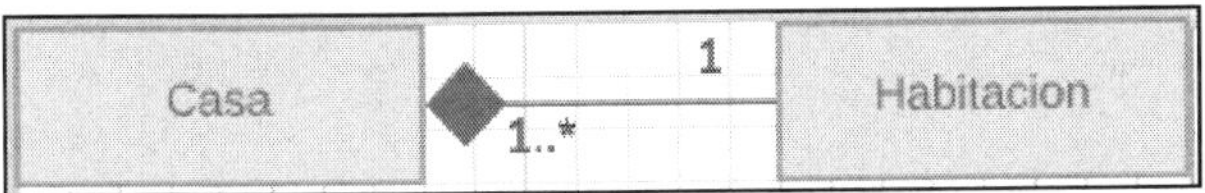

Una `Casa` tiene al menos una `Habitación` y una `Habitación` pertenece necesariamente a una sola `Casa`. Si se destruye la `Casa`, las instancias de `Habitación` que la componen también se destruyen.

Observación

Este principio no se aplica a la construcción porque la destrucción del contenedor provoque la destrucción del contenido. Es muy posible que un recipiente no tenga contenido durante toda su vida.

5. Interfaz

Una interfaz es un conjunto de **declaraciones**. Por **declaración**, nos referimos a la presentación de los componentes de un método, típicamente su nombre, el tipo de valor que devuelve (opcional), la lista de sus parámetros así como su tipo (opcional). Una declaración se distingue de una **implementación**, que es el cuerpo del método, donde reside y se ejecuta el código. Por lo tanto, una interfaz no se preocupa por los comportamientos y las implementaciones de los métodos que declara.

La interfaz es un concepto extremadamente importante, porque resalta las interacciones entre los diferentes actores de un sistema. Un ejemplo "concreto" muy sencillo: el concepto de un interruptor es una interfaz entre su dedo y el circuito eléctrico que desea cerrar o abrir. Este concepto de interruptor “declara” un “método” que podríamos llamar `presionar()`, "llamado" por una presión del dedo y que activará un mecanismo, específico del modelo de interruptor instalado, encargado de abrir o cerrar el circuito. Es importante observar la distinción entre el *concepto* de interruptor y el *modelo* utilizado en el circuito. De hecho, una interfaz es **declarativa** y debe evitar detalles técnicos. Esta es la razón por la que las interfaces juegan un papel importantes durante la fase de modelado de un proyecto: permiten abstraer los detalles de la implementación para centrarse exclusivamente la resolución de los problemas (por ejemplo, abrir o cerrar el circuito eléctrico). Cuando un arquitecto traza el plano de una casa, solo le interesa la posición de los interruptores *conceptuales*, no el modelo en el que finalmente se instalará.

Una interfaz no representa un concepto de negocio como lo haría una clase, sino un contrato: una clase que implementa una interfaz **garantia** que, a su vez, implementa los métodos declarados por esta interfaz. El término *contrato* no es baladí porque implica una noción de *responsabilidad*: una clase que "firma" el contrato de una interfaz es válida solo si cumple las cláusulas de dicho contrato. En muchos lenguajes de programación compilados, el compilador forzará que una clase que implementa una interfaz a tener implementación para *todos* los métodos declarados en esa interfaz.

Un ejemplo común en el mundo de la informática es la ordenación: cómo clasificar los elementos de una lista en un orden determinado. Si creamos una clase responsable de la ordenación, entonces expondrá un método `ordenar(list of int): list of int`, cuya implementación usará operadores de comparación para determinar el orden del listado. Hay una limitación que es obvia: es posible que desee ordenar algo diferente a los números enteros. Una primera solución es declarar tantos métodos como tipos queramos ordenar. Si dejamos de lado el desorden declarativo que esto genera, la mayor frustración proviene de escribir varios métodos cuando el algoritmo es estrictamente el mismo para todos estos tipos.

No importa si estamos manejando un entero, una cadena de caracteres o clases, la implementación será la misma: recorremos la lista, comparamos un elemento con otro y ejecutamos un proceso según el resultado, en función del algoritmo de ordenación utilizado.

Una solución más elegante a este problema es utilizar una interfaz. En lugar de declarar tantos métodos como tipos a comparar, la clase encargada de la ordenación solo declara uno `ordenar(list of Comparable): list of Comparable`, donde `Comparable` es una interfaz. La interfaz `Comparable`, por otro lado, declara un solo método: `comparar(otro: Object): int`. Este método le permite comparar un objeto que implementa la interfaz `Comparable` con otro objeto del mismo tipo (y por lo tanto también implementa `Comparable`), y devuelve el resultado como un número entero, generalmente -1, 0 y 1, correspondientes respectivamente a "más pequeño", "igual" y "más grande". También se puede considerar el uso de una enumeración (ver la siguiente sección). Entonces, si queremos usar nuestra clase de ordenación sobre cualquier tipo, es suficiente con que este tipo implemente la interfaz `Comparable`.

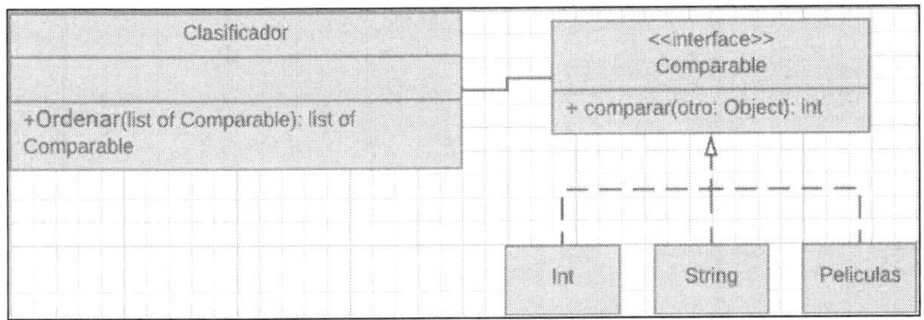

Observación

El uso de la palabra `Object` para indicar el tipo del objeto que implementa la interfaz, no es estándar. También podemos encontrar la notación `T` (de `Template`) o incluso `<T>`.

Las interfaces juegan un papel esencial en la gestión de las dependencias entre clases y la encapsulación (consulte la sección anterior sobre esto último). Facilitan el modelado de sistemas complejos sacando a la luz sus necesidades e intenciones reales, y "empujan" los detalles y aspectos específicos hacia las clases.

Si llevamos la idea al extremo, un modelado se debería llevar a cabo solo con interfaces, para las que haría falta al menos una clase que la implementara. Como recordatorio, una interfaz no hace nada por sí misma: son las clases que las implementan las que hacen el trabajo. Utilizando las interfaces tanto como sea posible, podemos realizar cambios de clase y, por lo tanto, de comportamiento, sin correr el riesgo de sufrir efectos secundarios no deseados.

6. Enumeración

Una enumeración es un conjunto finito de valores distintos.

Tomemos un concepto como los días de la semana. Hay varias posibilidades para representar un atributo de este tipo:

- Un número entero: 0 = lunes y 6 = domingo. Pero, ¿qué es 32? ¿y -1? Debe asegurarse de que al atributo siempre se le asignará un valor entre 0 y 6, pero esto no es posible en UML que manipula entidades de negocio.
- Una cadena de caracteres. Esta opción plantea el problema de la ortografía y la grafía. ¿Mayúsculas o no? ¿Qué pasa si el software está traducido? ¿Qué pasa si el atributo recibe una cadena que no tiene nada que ver con los días de la semana?
- Una clase privada que, internamente y por tanto invisible al mundo, gestionara los días de la semana según una de las dos posibilidades anteriores, pero que ofreciera métodos que permitieran manejarlos de forma intuitiva. Pero ¿no es demasiado esfuerzo para representar solo siete valores distintos?

Una enumeración proporciona una solución simple y elegante a este problema. Una enumeración <u>es</u> un tipo (como el número entero, el flotante, el carácter, etc.) y se maneja como tal. Un atributo de tipo enumeración solo puede tomar como valor los definidos en esta enumeración. Por lo tanto, no hay problema de asignación fuera del dominio de definición del tipo, no hay duda de cómo deletrear este valor.

Los diferentes valores enumerados se definen en el esquema UML.

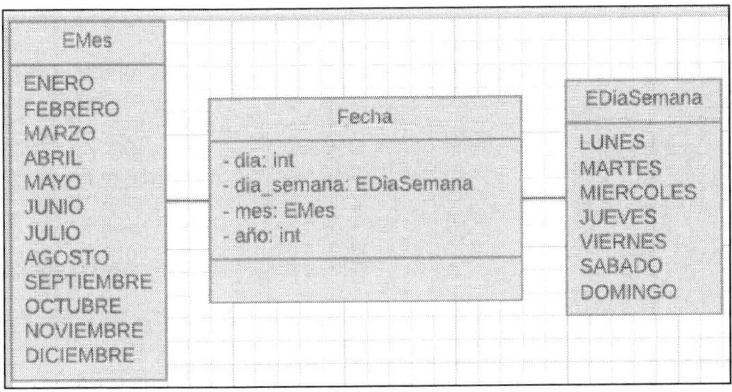

7. Herencia

7.1 Herencia simple

Cuando una clase hereda de otra, la clase "derivada" (también llamada "hija") hereda de todos los miembros de la clase "base" (o lase "madre"). Puede introducir nuevos miembros o redefinir los existentes (en ese caso hablamos de "especialización "o" sobrecarga ").

En UML, una herencia se representa de la siguiente manera:

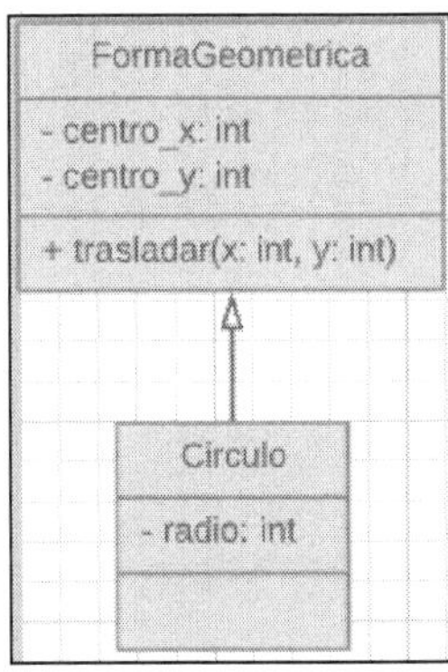

Un `Circulo` es una `Forma`: hereda todos sus atributos (`centro_x`, `centro_y`), todos sus métodos (`trasladar()`) y los completa (`radio`).

Observación

Para evitar sobrecargar los esquemas, los atributos de la clase base no se repiten en la clase derivada. En cuanto a los métodos, es común indicarlos solo si están sobrecargados (es decir, la clase hija implementa el método a su manera) y omitir aquellos que no lo están.

La principal ventaja de la herencia es poder factorizar la lógica "empresarial" de diferentes clases, en una sola: la clase base. Esta es la que agrupa los comportamientos genéricos y depende de las diferentes clases derivadas implementar los comportamientos específicos. Sin embargo, estos conservan la posibilidad de invocar los mismos métodos y acceder a los mismos atributos que la clase madre.

En algunos casos, no tiene sentido propagar a las clases hija ciertos miembros (atributos de cálculo, métodos de utilidad, etc.). Por tanto, es posible precisar cuáles son los miembros que se desea heredar en las clases derivadas, modificando su visibilidad. Como recordatorio: las clases derivadas pueden acceder automáticamente a los miembros públicos y protegidos, mientras que a los miembros privados no. Nuevamente, el control de la información es esencial en POO, y es preferible evitar que una clase tenga acceso a datos que no necesita.

7.2 Clase abstracta

Una clase se puede declarar abstracta, lo que significa que, no representa directamente un concepto de negocio concreto, sino una idea general.

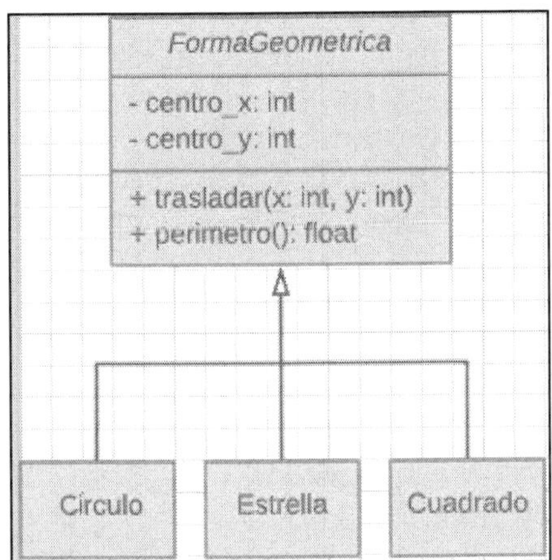

En UML, poner en cursiva el nombre de la clase indica que es abstracta

No se puede dibujar una `Forma`. Se puede dibujar un `Cuadrado`, un `Círculo`, una línea cerrada a mano alzada, pero no una `Forma`. Una `Forma` es una generalidad, una forma de designar estas diferentes clases bajo un solo nombre, pero no representa un caso concreto en sí mismo.

El interés de la clase abstracta es aprovechar las ventajas de la herencia, es decir, factorizar los datos y los comportamientos, sin correr el riesgo de manipular una clase que no tiene ningún significado concreto. En un programa orientado a objetos, cuantas menos entidades haya que manipular, menor errores pueden aparecer.

Una forma geométrica cerrada tiene un perímetro. Por lo tanto, la clase `Forma` debe contener un método `perimetro()` para indicar que todas sus clases secundarias también implementan este método. Sin embargo, es imposible calcular el perímetro de una "forma": son solo las clases hijas, especialidas, las que pueden utilizar la fórmula matemática adecuada para determinar su perímetro. Por lo tanto, la clase `Forma` no debería ser utilizable, porque llamar a un método `perimetro()` en una clase que no puede implementarlo, no tiene sentido.

Al igual que las interfaces, las clases abstractas ofrecen un nivel adicional de abstracción que le permiten manipular clases sin tener que conocer su verdadera naturaleza.

Si queremos guardar en un archivo las coordenadas de las formas geométricas de un dibujo, de nada sirve saber si cada forma es un cuadrado, un óvalo, etc. Lo que se necesita es recorrer la lista de formas, recuperar sus coordenadas y guardalas en un archivo. No es necesario conocer la verdadera naturaleza de las formas para implementar el método de grabación. Por lo tanto, la clase `Forma` debe tener las coordenadas como atributos, ya que son comunes a todas las clases hijas. Además, dado que las coordenadas se heredan, cada clase hija puede manipularlas si es necesario.

7.3 Herencia múltiple

La herencia múltiple sigue el mismo principio que la herencia simple, pero se aplica a varias clases: la clase hija recupera los miembros públicos y protegidos de las clases madres de las que hereda y puede hacer uso de ellos. La clase hija aquí también puede sobrecargar (o especializar) los métodos de las clases madre con su propia implementación.

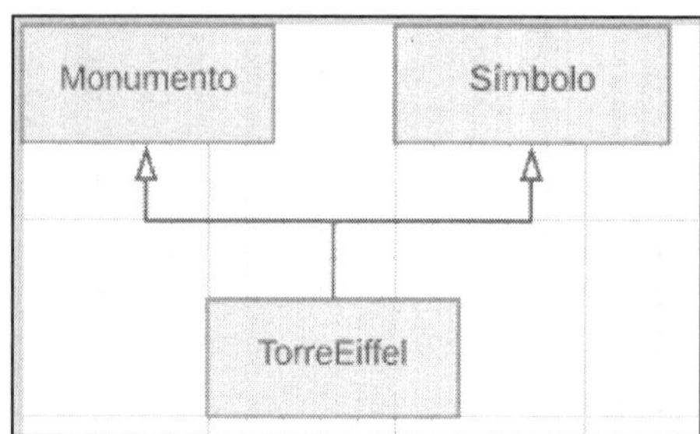

Una clase `Monumento` expone un conjunto de funcionalidades (coordenadas GPS, número anual de visitantes, coste de mantenimiento, etc.) y otra clase `Símbolo` expone las suyas propias (los conceptos que representa, su alcance en la cultura internacional, sus emoticonos, etc.). Si queremos representar la Torre Eiffel, que es un monumento parisino y un símbolo de Francia, entonces podemos crear una clase `TorreEiffel` que herede tanto de `Monumento` como de `Símbolo`. Por lo tanto, `TorreEiffel` exhibe las funciones de un monumento y un símbolo simultáneamente.

Sin embargo, el uso de la herencia múltiple no está exento de riesgos, lo que lo ha convertido en un tema candente en el mundo del desarrollo durante años. El principal problema cuando se usa la herencia múltiple, es el del diamante (llamado así debido a la forma del diagrama de clases que lo representa). Se trata del caso en el que una clase hija *D* hereda de dos clases madre *B* y *C*, heredando ellas mismas de la misma "superclase" *A*. En este escenario, si *B* y *C* sobrecargan un método *M* de *A*, entonces ¿qué versión del método *M* va a heredar *D*? ¿El de *B* o el de *C*? Desde el punto de vista de la modelización, esta ambigüedad no se puede resolver. Si consideramos que UML es un lenguaje en el que queremos comunicar *claramente* conceptos de negocio, entonces la herencia múltiple requiere más precauciones en su uso, precisamente porque puede añadir su parte de interrogantes e incertidumbres.

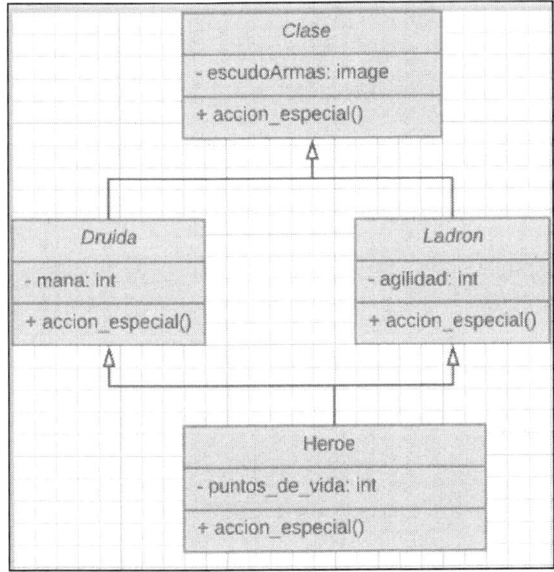

En un juego de rol medieval, el héroe es una persona "multidisciplinada": es un druida y ladrón. Por tanto, tiene las características de cada una de estas disciplinas, que obtiene por herencia. `Druida` y `Ladrón` son una `Disciplina`, es decir, una habilidad o una profesión y, por lo tanto, también heredan de una clase `Disciplina` abstracta, que generaliza ciertas propiedades (como el nombre de la clase, su escudo de armas, reputación, mecánicas del juego, etc.).

Cada `Disciplina` tiene un método `accion_especial()` único (hechizos de curación para druidas y habilidades de robo para ladrones, por ejemplo). La herencia múltiple del `Héroe` produce un conflicto de nombre: dado que los métodos de `accion_especial()` tienen el mismo nombre, ¿cómo invocarlos sin ambigüedades?

Esta indecisión en este conflicto de método ha llevado a los lenguajes que permiten la herencia múltiple, de la que Python forma parte, a implementar estrategias para eliminar la ambigüedad: usar el orden de clases en la declaración de la herencia múltiple, o bien explicitar la clase cuya implementación queremos llamar. No existe un método "correcto": todos son igualmente legítimos. Otros lenguajes prohíben la herencia múltiple y ofrecen como alternativa la posibilidad de que una clase implemente múltiples interfaces.

7.4 El uso "correcto" de la herencia

Un buen hábito a adoptar con respecto a la herencia durante la fase de modelado es confirmar si, desde un punto de vista del negocio, la clase derivada es realmente una especialización de la clase base. Es decir, es decir, que es una clase base, pero con sus propios datos o comportamiento. Por ejemplo, un `Cuadrado` es una `Forma` especializada con sus propiedades, fórmulas matemáticas, etc. Un `Círculo` también es una `Forma` especializada. Por lo tanto, se puede considerar el uso de la herencia aquí. Dicho esto, esta regla de "es un" tampoco es perfecta, porque se basa en el verbo *ser*, que tiene un significado extremadamente amplio en español. Si una bombilla "es" un objeto, también "es" una fuente de luz, y la distinción entre estos dos conceptos es importante para representar una escena en 3D. ¿Es esta una razón para heredar `Bombilla` de `Objeto` y `FuenteLuminosa`? No es obvio.

En este caso, la tendencia sería considerar la bombilla como "siendo" efectivamente un objeto, pero "poseyendo" las propiedades de una fuente luminosa, lo que cambia el punto de vista desde el que se aborda la modelación de tal concepto.

Invocar como único razón la factorización del código y la mutualización de miembros para justificar el uso de la herencia, sea un argumento más fiable. Por ejemplo, hacer que la ventana herede de una aplicación de `Forma` con el pretexto de que una ventana es rectangular. Una `Ventana` no es una `Forma`: no es una forma geométrica especializada. Es un componente de la interfaz gráfica, que ciertamente tiene forma rectangular, pero cuyo comportamiento, intrínsecamente, no es el de una forma geométrica. Una `Forma` y una `Ventana` son dos conceptos de negocio completamente diferentes. El vínculo "contra natura" proporcionado por una herencia, podría dificultar la comprensión de la arquitectura del software, pueden causar problemas durante la fase de implementación.

Un diagrama UML debe poder ser comprensible por una persona no técnica, siempre que se le describa el significado de los símbolos. Explicar que la ventana principal de la aplicación hereda el concepto de forma geométrica con el pretexto de ahorrar líneas de código, puede plantear dudas.

Esta es también una de las principales razones por las que la herencia a veces se degrada: se usa para compartir los comportamientos de una clase con otra, donde una agregación o composición hubiera sido una mejor solución. La herencia comparte **todos** los miembros públicos y protegidos de la clase madre con la clase derivada, incluidos aquellos que pueden ser inapropiadas o entran en contradicción con la semántica de esta última. Puede ser tentador modelar a un delfín como heredando de un pez, si a uno solo le interesan las propiedades de movimiento o del hábitat, pero si llega el día en que también hay ocuparse de la reproducción, entonces surgirá un problema, porque los delfines no ponen huevos. La herencia da como resultado una fuerte dependencia entre clases, tan fuerte que limita su evolución. Esto no es un "mal" en términos absolutos, y esta fuerte dependencia puede estar justificada, incluso puede ser beneficiosa en ciertos casos. Pero el riesgo en el que incurre a menudo es demasiado grande en comparación con los beneficios, especialmente cuando es posible considerar otras soluciones al problema.

La herencia simple limita al desarrollador a que seleccione una sola clase madre, lo que generalmente le lleva a refinar su pensamiento para asegurarse de que toma la decisión correcta. La herencia múltiple elimina esta restricción, "facilitando" los atajos de modelado, donde los comportamientos se comparten de principio a fin para ahorrar líneas de código, en detrimento de la encapsulación de calidad. Los detractores de la herencia múltiple suelen esgrimir el argumento del gran poder que implica una gran responsabilidad, lo que implica que una herramienta tan poderosa en su uso requiere experiencia y conocimiento.

La herencia es una buena forma para factorizar algoritmos y por lo tanto, evitar la multiplicación de errores. Dicho esto, como todos los demás conceptos de la POO y la POO en sí misma, es solo una herramienta entre muchas para resolver una categoría de problemas. Y como cualquier herramienta, puede ser ideal para un problema, una solución provisional para otro y una muy mala elección para un tercero. La herencia, incluso múltiple, puede ser una forma de responder a un problema a pesar de sus riesgos. O, por el contrario, planteará cuestiones de malentendidos y evitará que el software se adapte fácilmente a nuevas funcionalidades. El trabajo de modelado consiste precisamente en encontrar la mejor solución a los problemas, posiblemente complejos, que plantean los conceptos de negocio y sus relaciones, manteniendo el esquema en su conjunto fácil de entender y robusto a los cambios.

8. Diagrama UML

8.1 Estructura vs. comportamiento

Desde el comienzo de este libro, solo se han presentado diagramas de clases. En UML, hay varios tipos diferentes de diagramas que se pueden dividir en dos categorías:

- Diagramas de estructura, que representan las diferentes entidades que componen el software. El diagrama de clases es un diagrama de estructura. También puede crear diagramas de componentes, que detallan las partes principales de una arquitectura de software o un sistema, así como sus dependencias.
- Diagramas de comportamiento, que se centran en las interacciones del programa con el mundo exterior (interfaces hombre-máquina, eventos de red, señales de sistema operativo, etc.)

Dado que aún no se ha visto ningún diagrama de comportamiento, las siguientes secciones presentarán dos: el diagrama de casos de uso y el diagrama de secuencia. Como parte de una introducción a la POO, estos dos diagramas son los más relevantes porque manipulan los conceptos principales de POO estar demasiado desarrollados. Su presentación no será lo más completa posible porque esto iría más allá del alcance de este libro. Sin embargo, debería ser suficiente para poder utilizar estos diagramas en proyectos.

8.2 Diagrama de casos de uso

No debemos olvidar que el software no es un fin: es un medio, una herramienta para realizar tareas, funciones que responden a una necesidad de negocio. Esta es la génesis de la programación. UML, siempre en aras de la comunicación entre los diferentes negocios que están en el origen de un proyecto informático, ofrece un diagrama para expresar las necesidades del negocio. Se trata del diagrama de casos de uso (*use case*, en inglés).

Este tipo de diagrama tiene tres entidades principales:

- Los actores, que representan a las personas (reales) que van a interactuar con el sistema. Este podría ser el usuario al que se venderá el software, el personal que utiliza el software con fines profesionales, los examinadores que recuperan información del sistema, etc.
- Las funcionalidades en sí mismas, es decir, los servicios que prestará el sistema. Estos diferentes casos de uso servirán como base de trabajo para el diseño de la arquitectura del software.
- Las relaciones que unen a las entidades entre ellas. Estos enlaces pueden ser múltiples, vincular a distintos actores con distintas funcionalidades, etc.

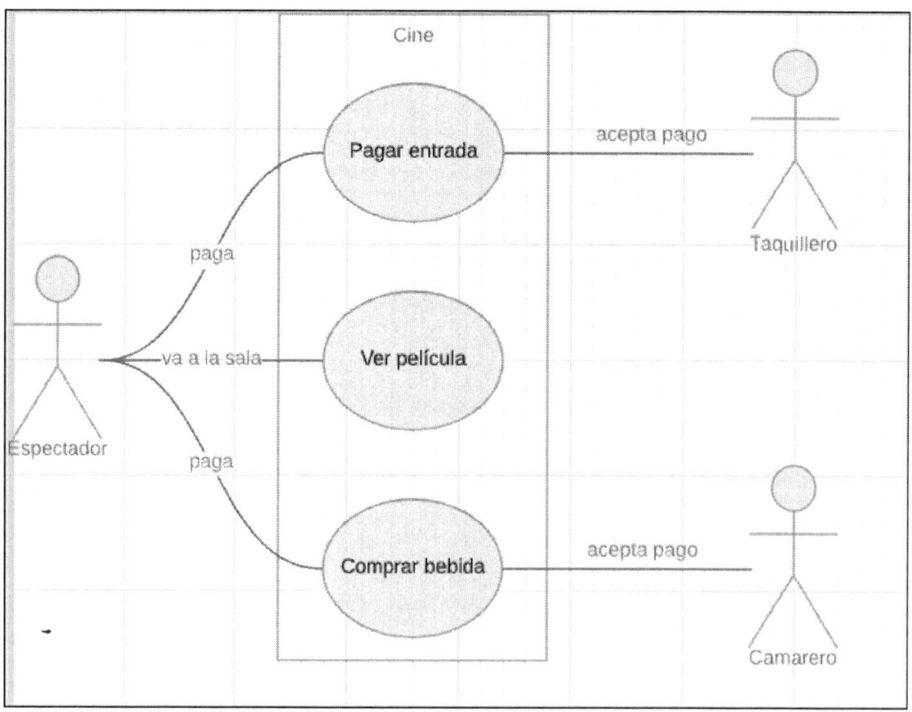

El sistema Cine permite que un Espectador vea una película, compre su entrada para esa película y compre palomitas de maíz antes de la proyección. El Espectador es actor porque utilizará el sistema para conseguir lo que quiere. Los Taquilleros también son actores porque ellos también usarán el sistema, pero desde un punto de vista diferente al del Espectador. El Espectador tiene tres opciones: pagar su entrada, ir a ver la película y comprar palomitas de maíz. Para aclarar que ver la película requiere que el Espectador haya comprado su entrada de antemano, se establece una relación de inclusión entre los dos casos de uso.

8.3 Diagrama de secuencia

Un diagrama de secuencia permite visualizar la secuencia cronológica de los tratamientos realizados por las diferentes entidades de un sistema. Cada entidad está representada por una línea vertical que simboliza su "vida". Las flechas horizontales conectan estas entidades y representan las acciones (o mensajes, en terminología UML) realizadas por estas entidades. Estas flechas horizontales se leen de arriba a abajo: el primer mensaje está en la parte superior de la línea de vida de la entidad, luego el resto se lee de manera descendente. Cuando una entidad ya no tiene una razón para aparecer en el sistema, su línea de vida se marca con una cruz y se detiene.

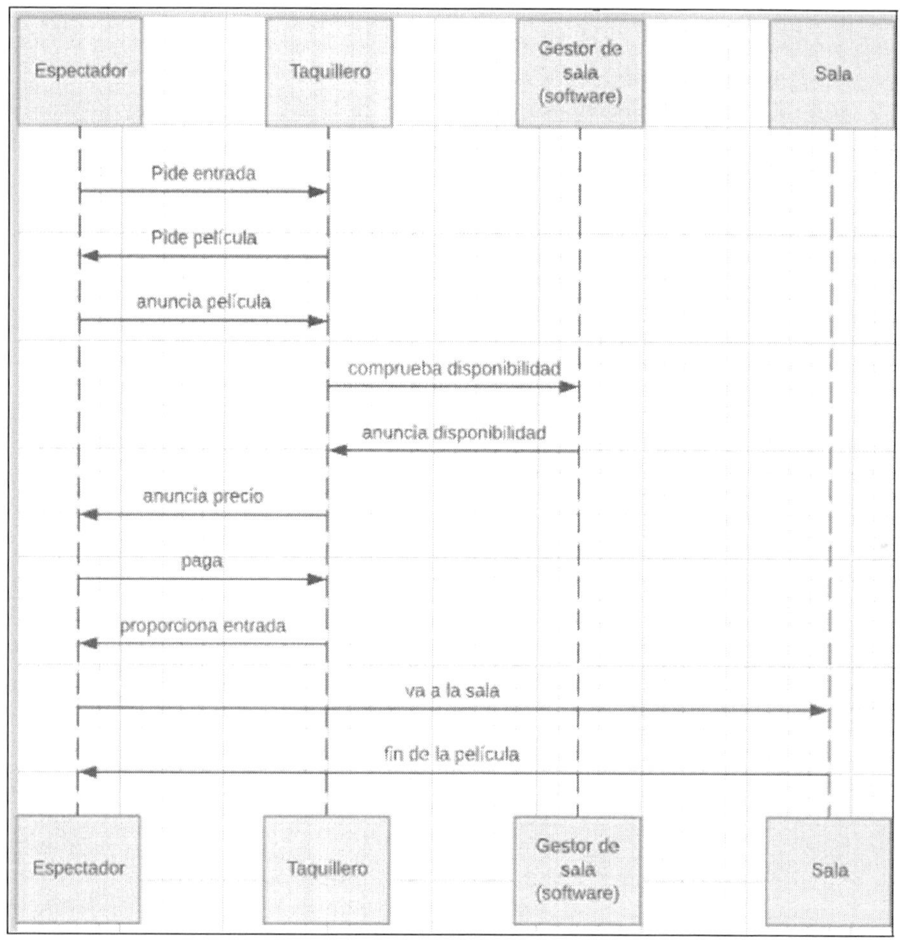

Este diagrama muestra el flujo del caso de uso "Vesionar película", que incluye, como se muestra en el diagrama de casos de uso, la compra de la entrada. Este diagrama de secuencia se lee de arriba a abajo: el espectador solicita una entrada al taquillero. El taquillero le pregunta para qué película. Una vez obtenida la respuesta, el Taquillero usando su ordenador, verifica si todavía hay un lugar disponible en la sala de proyección. Si este es el caso, indica el precio de la sesión. Cuando el espectador ha pagado, recibe su entrada y va a ver la película. Cuando termina la película, el Espectador abandona el cine: su línea de vida se interrumpe (las otras entidades siguen viviendo porque todavía están activas, listas para recibir a otro Espectador).

Cuando el diagrama de casos de uso se centra en el qué, el diagrama de secuencia se centra en el cómo. Explicita el funcionamiento interno de un caso de uso, de principio a fin, mostrando las diferentes entidades que participarán en el conjunto completo. Es una excelente manera de visualizar los procesos de negocio que entran en juego para verificar su coherencia. Una persona no iniciada en informática debe ser capaz de comprender, validar y, completar dicho diagrama.

9. Ejercicios corregidos

9.1 Clase simple

Enunciado: modelar una clase que puede recibir una lista de objetos cualesquiera, para poder recuperar **posteriormente** su longitud (el número de objetos en la lista). El esquema debe enumerar explícitamente todos los miembros necesarios.

Solución

Contador
- numero_elementos: int
+ contar(lista: list of Object) + recuperar_numero_elementos(): int - escribir_numero_elementos(numero: int)

La clase `Contador` tiene un método `contar()` que recibe una lista de objetos como argumento. No devuelve nada, porque el enunciado no menciona el hecho de devolver el número de elementos inmediatamente, sino más tarde, lo que implica la necesidad de almacenar este resultado para un uso futuro. De ahí la presencia de un atributo `numero_elementos`, ni público ni protegido, sino privado, para evitar el riesgo de que una clase externa pueda cambiar su valor.

Si el método `contar()` se encarga de calcular el valor del atributo, la responsabilidad de actualizar este contador recae únicamente en su descriptor de acceso de escritura, tan acertadamente llamado `escribir_numero_elementos`, que también es privado. De hecho, la encapsulación también se aplica dentro de una clase. El principio de responsabilidad única de una clase también debe ser válido para los métodos que la componen, exactamente por las mismas razones: es más fácil dar soporte al cambio si cada "actor" solo tiene un único rol. En esta clase `Contador`, si asumimos que hay *n* métodos que modifican directamente `numero_elementos`, cambiar el atributo implicaría modificar la implementación de estos *n* métodos para reflejar este cambio. Si estos *n* métodos usaran un descriptor de acceso, entonces un cambio en el atributo que desean escribir no tendría ningún impacto. La separación de responsabilidades implica un menor desarrollo durante los cambios evolutivos.

Finalmente, el acceso de lectura `recuperar_numero_elementos()` devuelve el valor del atributo en cuestión, y es público porque es el papel de la clase `Contador` exponer este valor.

9.2 Relaciones entre clases

Enunciado: Para cada uno de los siguientes pares de conceptos, indique si, desde el punto de vista del modelado de software, estos pares deben estar vinculados por una agregación o una composición, y por qué.

1. Aeropuerto / Avión
2. Continente / País
3. Molécula / Átomo
4. Colmena / Abeja
5. Muñeca rusa / Muñeca rusa

Solución: no existe realmente una solución "correcta" para este ejercicio, ya que la elección de la relación depende en gran medida del contexto. Si su elección se basa en un escenario que tiene sentido en un contexto específico, es muy probable que su respuesta sea correcta.

1. En un contexto real, un Avión puede existir sin estar asignado a un Aeropuerto (normalmente en vuelo), por lo que una agregación tiene sentido. En el contexto de un videojuego de gestión de la ciudad, la destrucción de un aeropuerto puede eliminar automáticamente los Aviones a los que estaba conectado, lo que implica el uso de una composición (a menos que el juego sea lo suficientemente detallado como para obligar al jugador a administrar la recuperación de los aparatos, que luego requerirán una agregación).
2. Todo depende de lo que se quiera decir con "destruir un continente". Si consideramos un continente como un concepto abstracto vinculado al campo de la geografía, entonces podemos ignorar el concepto de Oceanía manteniendo el de Nueva Zelanda, de ahí la agregación. Por otro lado, si consideramos un continente como un "medio físico" sobre el que descansa un país, entonces destruir el continente obviamente equivaldrá a destruir el país que contenía, de ahí su composición.
3. No se pierde nada, no se crea nada, todo se transforma, entonces usamos una agregación. Excepto en el caso de que no nos interese "reciclar" un objeto Átomo durante una reacción química y sea aceptable destruirlo para crear uno nuevo, que luego constituirá una molécula producida. Entonces, una composición puede ser bastante aceptable.
4. Al igual que con los aviones, la elección de la relación depende de si consideramos a una Abeja como un ser autónomo que se disocia de su Colmena, o como un engranaje en el ecosistema de la Colmena que ya no tiene ningún significado si esta última desapareciera. La elección se orientará más bien hacia una agregación en el primer caso y una composición en el segundo.

5. Más allá del interesante caso de modelar un sistema de muñecas rusas (¿qué pasa con la última?), el uso de una agregación o una composición dependerá del significado de la relación entre los muñecos. Un enlace "que contiene" (A contiene B) puede ser uno u otro (dependiendo del caso de uso que queramos tener en cuenta). Es más probable que un enlace de "contenido" sea una agregación, porque es menos natural imaginar la destrucción de un contenedor cuando uno de sus elementos es destruido (pero, una vez más, puede existir un escenario para el que esta elección tenga sentido).

9.3 ¿Herencia?

Enunciado: como en el ejercicio anterior, indicar si utilizar una herencia para representar el vínculo entre los siguientes pares es indicado o no, y por qué.

1. Planeta/Saturno
2. Lista/Directorio telefónico
3. Animal de compañía/Perro
4. Dos ruedas/Bicicleta

Solución: a diferencia de la agregación y la composición, la herencia es una relación que tiene "reglas de decoro" establecidas, como la regla "A **es un** B". Por tanto, las respuestas a este ejercicio serán más "absolutas":

1. Saturno **es un** planeta, es su propia naturaleza. El hecho de que una clase Saturno herede a todos los miembros de una clase Planeta y personalice algunos es perfectamente legítimo.

2. Puede resultar beneficioso heredar Directorio de Lista para recuperar métodos muy prácticos que permiten contar el número de elementos, recuperar un intervalo de valores u ordenar las entradas. Sin embargo, considerar un Directorio como una Lista de números de teléfono equivale a considerar un Edificio como una Lista de apartamentos: hay comportamientos comunes, pero el vínculo semántico está ausente. Una consecuencia es que Directorio expone a todos los miembros de Lista, incluso aquellos que no tienen sentido necesariamente en este nuevo contexto. Un Directorio no debe exponer un método para eliminar un elemento como deber hacerlo una Lista, ni uno que devuelve el elemento más grande. Todos estos métodos superfluos para Directorio ahora son accesibles y ponen en peligro la integridad de los datos que contiene. Además, este vínculo de herencia va a obligar a que la implementación de Directorio se base en Lista, mezclando las responsabilidades de un Directorio y una estructura de datos. Aquí, una mejor solución sería usar una composición: un Directorio **contiene** una lista y solo expone los métodos relevantes para un directorio, ocultando los detalles de implementación y permitiendo cambiar la opción sin romper ninguna dependencia.
3. Efectivamente un Perro es un animal de compañía, con su amo, su casa, sus juguetes, que son atributos comunes con otras mascotas como gatos, peces de colores, etc. Querer factorizar estos atributos bajo una misma clase de la que heredarían es comprensible, pero lamentablemente es equivocado. Porque si hay perros domésticos, también hay perros callejeros, perros salvajes, etc. El hecho de que un perro (que sería más bien un Animal) sea domesticado, es un rasgo de un individuo y no de su naturaleza. En este caso, el uso de interfaces para garantizar que ciertos animales posean los métodos que se esperan de un animal domesticado, es mucho más flexible e intuitivo.

4. Las bicicletas y las motocicletas son vehículos de dos ruedas, y podemos imaginarnos fácilmente la clase Dos ruedas heredando de una clase Vehículo. Dicho esto, tener dos ruedas es más una propiedad del vehículo que su naturaleza. ¿Cómo introducir una posible clase Triciclo, que intuitivamente tiene mucho en común con Bicicleta? El hecho de elegir el número de ruedas como criterio de herencia también parece arbitrario. ¿Por qué no la fuente de energía para diferenciar los vehículos de combustible y los vehículos eléctricos? Al igual que en el ejemplo anterior, las interfaces podrían proporcionar aquí una solución más flexible a los diferentes escenarios que pudieran aparecer.

9.4 Localización de clases

El administrador de un zoológico necesita una pequeña aplicación para administrar su parque:

"El problema es que tengo dificultades para seguir la asignación de los **cuidadores** a los **animales**. Especialmente cuando un cuidador se va de **vacaciones**, tengo que prever su sustitución.

Y luego también está la **comida**. Manejo de **stocks** de alimentos y distribución a los **carnívoros**, **herbívoros** e **insectívoros**. Hoy, está completamente desordenado, de repente pierdo mucho tiempo alimentando a los animales. ¡Realmente necesito un sistema que me haga la vida más fácil!"

Esta es una descripción puramente de negocio (y ciertamente lejos de la realidad, pero esto es solo un ejemplo). Lo primero que hay que hacer es extraer los conceptos de negocio para poder manejarlos en la aplicación. Estos conceptos se han resaltado en **negrita** y serán las clases principales del software.

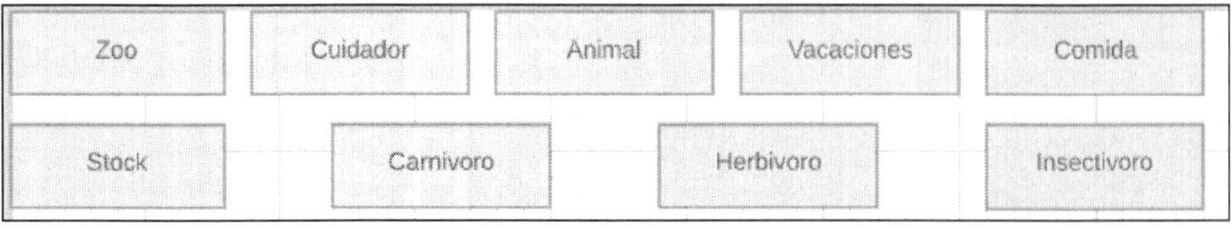

9.5 Contenidos y continentes

Antes de completar estas clases con sus atributos y métodos, nos vamos a organizar un poco. Instintivamente, aparecen categorías: humanos, animales y logística.

- conceptos “humanos”: **Zoológico**, **Vacaciones** y **Cuidador**;
- conceptos “animales”: **Animal**, **Carnívoro**, **Herbívoro** e **Insectívoro**;
- los conceptos de "logística": **Stock** y **Comida**.
- ...

Incluso sin conocer perfectamente el negocio, parece que tiene sentido considerar que las vacaciones están asociadas con un cuidador, que un cuidador está asociado con el zoológico, así como con los animales. El stock del zoológico tiene comida, que a su vez está relacionada con la dieta de los animales. Vayamos paso a paso:

Un zoológico acoge a los animales, tiene existencias de comida y emplea cuidadores. ¿Qué tipo de enlace usar aquí: una composición o una agregación? Para orientar esta elección, la técnica siempre es la misma: basta preguntarse si el contenido tiene una razón de ser o existir, si se destruye el contenedor. En este caso, si no hay zoológicos, no hay animales que manejar, ni cuidadores ni stock. Por tanto, es un enlace fuerte, es decir, una composición.

En el caso de los seres vivos, la cardinalidad es la misma: `0..n` del zoológico hacia los cuidadores y los animales (un zoológico puede no tener empleados y también puede tener varios; lo mismo para los animales), y `1` en el otro sentido (un cuidador y un animal solo pueden pertenecer a un zoológico, ya que la aplicación solo administra uno). En cuanto al stock, el zoológico solo tiene uno, y el stock solo pertenece a un zoológico (uno podría imaginar un sistema de mutualización de comida si la aplicación administrara varios zoológicos, pero no es lo que se pide aquí).

Observación

En realidad, los animales y los cuidadores ciertamente seguirán existiendo, pero esta no es una razón válida para elegir una agregación. Así como una habitación no tiene sentido sin una casa, un cuidador no tiene sentido si el zoológico no existe. Ningún zoológico vive sin cuidadores ni animales. Posiblemente podríamos considerar una agregación en el caso de que la aplicación que gestione varios zoológicos, donde un cuidador podría ser trasladado a otro parque y donde un animal sería trasladado unos kilómetros más lejos.

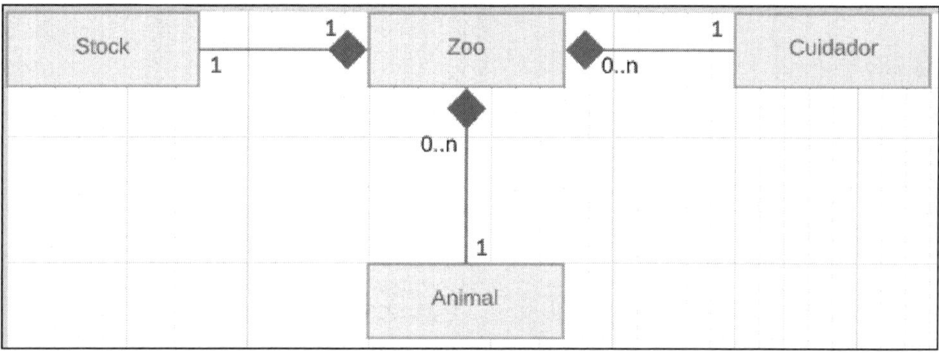

Se asigna un cuidador a uno o más animales. De hecho, a la pregunta "¿el animal desaparece con el cuidador?", la respuesta aquí es no: si el cuidador deja su trabajo, el animal se queda en el zoológico. Por tanto, es una agregación, una relación débil.

Además, la descripción realizada por el cliente sobre la cardinalidad de esta relación, no es completa. ¿Se asigna un cuidador a un solo animal o a varios? Por tanto, es bueno pedirle una aclaración. Dependiendo de la respuesta, la cardinalidad de esta relación puede variar.

Supongamos que un cuidador puede "poseer" varios animales. Por lo tanto, la cardinalidad de la clase `Cuidador` hacia la clase `Animal` es `0..n` (podemos imaginar que un cuidador recién contratado aún no tiene un animal bajo su cuidado). ¿Y al revés? ¿Puede un animal ser cuidado por varias personas diferentes? Uno podría imaginarlo, porque si un cuidador se va de vacaciones, parece inaceptable dejar a un animal sin cuidados. Por tanto, supongamos que la cardinalidad es `1..n` (no `0..n` porque podemos suponer que no dejamos un animal sin cuidados). Todos estos supuestos se deben enviar al patrocinador del software para transformarlos en funcionalidades validadas.

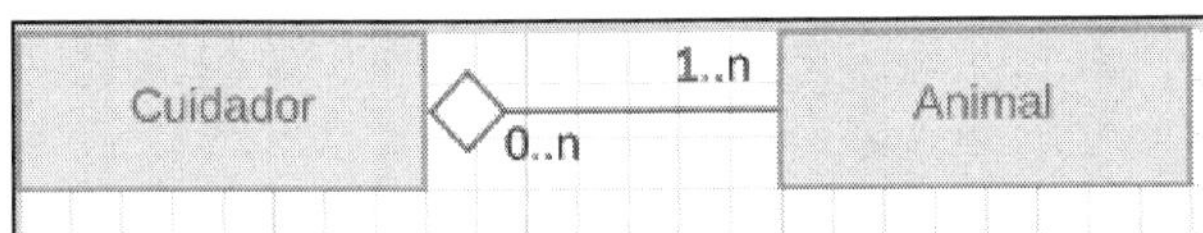

Un cuidador se toma vacaciones, pero ¿se debe liberar el área de memoria que ocupa cuando se elimina al cuidador? Por un lado, si el cuidador dimite, sus vacaciones ya no tienen ningún significado real ya que el empleado ya no trabaja en la empresa. Sin embargo, por motivos contables, puede resultar útil realizar un seguimiento de estos días festivos. Las dos propuestas son iguales y solo el cliente del software podrá responder. Para este ejemplo, supongamos que las vacaciones no tienen por qué ser permanentes y, por lo tanto, pueden desaparecer con quien las disfrutó.

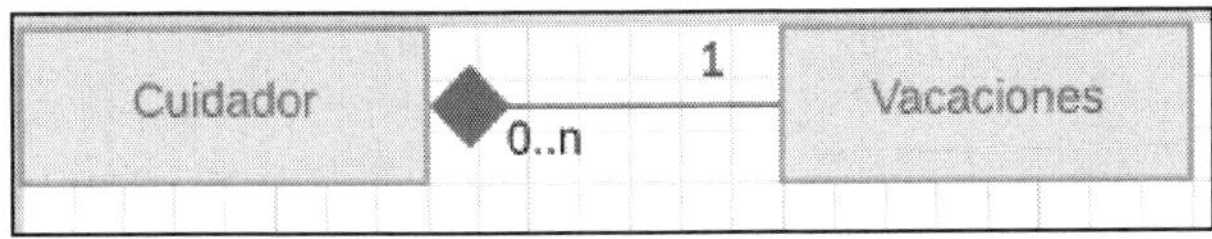

En este tipo de situación en la que surge un dilema, es mejor hacer una pregunta abierta al cliente sin comunicar inmediatamente las posibilidades. Si la persona para quien está escrito el software tiene una respuesta clara y segura, entonces el dilema está resuelto. Pero a menudo no es el caso, y además sucede que esta persona no ha visto las cosas desde este ángulo y necesita pensar en ello, o incluso ignora por completo la dirección a tomar. En este caso, hacer sugerencias puede ser útil para, quizás, sacar una idea o un recuerdo que pueda resolver el problema.

Si, a pesar de ello, no hay respuesta y el proyecto debe avanzar, entonces es mejor optar por la solución que cubra el mayor número de casos, según la filosofía "quien puede lo más, puede lo menos".

Pero ojo, esto no es motivo para complicar demasiado el proyecto y planificar absolutamente todas las posibilidades. Es necesario encontrar un equilibrio entre tomarse el tiempo para hacer que el software sea fácilmente escalable y complementar las funcionalidades para entregar el proyecto a tiempo.

El cliente describió tres dietas diferentes: carnívoro, herbívoro, insectívoro. Por cierto, aquí hay una palabra clave interesante: dieta. Este concepto permite generalizar los tres regímenes mencionados por el cliente, lo que posteriormente podría permitir agregar otros sin modificar en profundidad la arquitectura del software. Insectívoro, carnívoro y herbívoro son dietas: por tanto, una relación de herencia las vincula. Por definición, una dieta está estrechamente relacionada con la comida. Lo que come un animal depende de su dieta. Así, podemos considerar la dieta como el intermediario entre el animal y su alimento.

Dado que la simplicidad es un gran consejero, en lugar de crear clases y vincularlas por herencia, pensemos en otra solución: la enumeración. Una enumeración `Dieta` que contiene los valores `Herbívoro`, `Carnívoro` e `Insectívoro`. Un animal tendría un atributo de este tipo, y cada alimento también, para poder adecuarlos: tal animal cuya dieta es *x* puede comer tal comida adaptada a la misma dieta *x*. Pero, ¿no limita esto a un animal a tener una sola dieta? Hay omnívoros que comen plantas y carne. ¿Deberíamos entonces agregar "omnívoro" como valor a la enumeración? El inconveniente de esta solución es que pierde modularidad en la gestión de las dietas. De hecho, si "omnívoro" corresponde a la unión de herbívoros y carnívoros, ¿qué pasa con los herbívoros-insectívoros? ¿Qué pasa con los carnívoros-insectívoros? Agregar un valor de enumeración por combinación sería difícil de mantener dadas las diferentes combinaciones posibles. Aquí solo hay tres, pero si alguna vez aparece una cuarta...

Es preferible establecer una arquitectura lógicamente sólida que buscar soluciones aceptables solo porque, en un caso concreto, "sucede". Entonces, en lugar de un solo valor enumerado, a los animales y las comidas se les asignará una lista de esos valores.

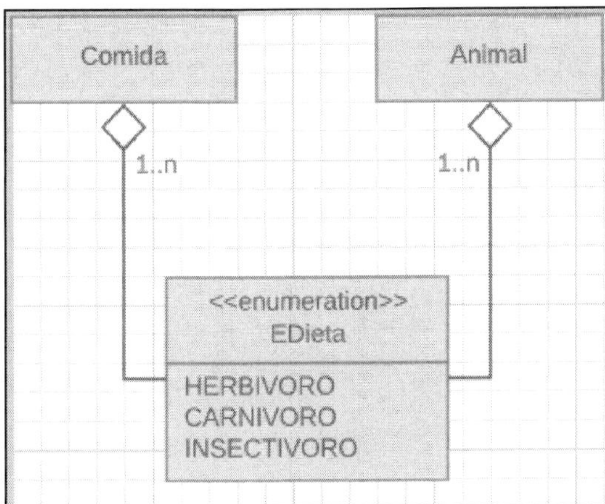

Se acaba de dar un primer paso en el modelado del proyecto: saber qué contiene qué. Este es un paso importante porque da una descripción general de la importancia de las clases dentro del software. Cuanto más central sea una clase en las relaciones, más crítica será, por lo que será necesario prestarle una atención particular durante su implementación.

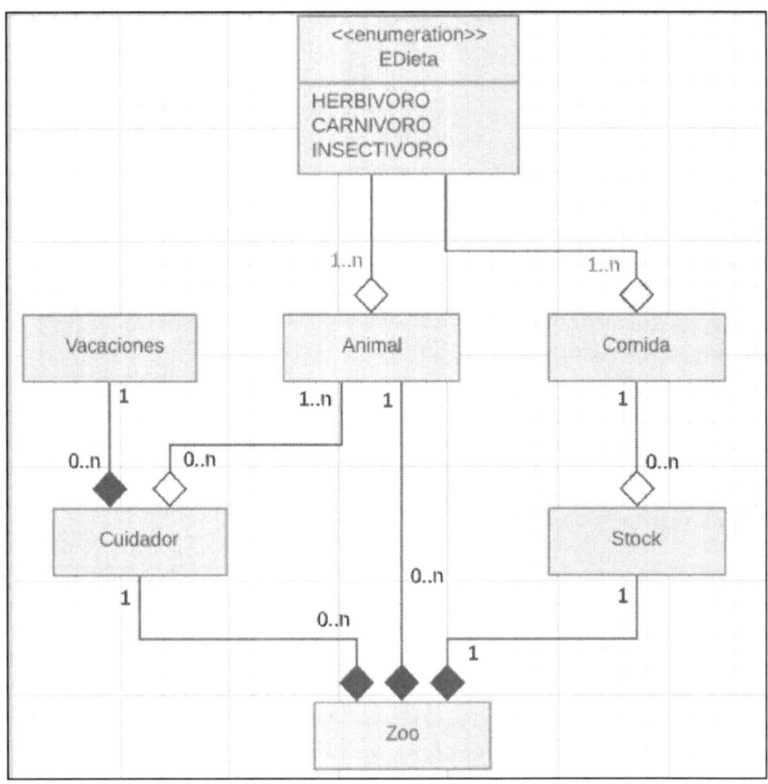

Aquí, podemos ver que la clase `Zoo` es muy central, porque es la que contendrá las instancias de `Cuidador`, `Animal` y `Stock`. Por tanto, es a ella a quien será necesario solicitar información relativa a estas tres clases (¿quién es el cuidador asociado con tal o cual animal? ¿Estará de vacaciones en tal o cual fecha? ¿Cuál es la previsión de stock en 15 días? etc.).

Solo con las agregaciones y composiciones, podemos ver que el diseño del software ya está dando un buen giro. Los conceptos de negocio descritos por el cliente están relacionados entre sí de forma lógica e intuitiva, cada uno con responsabilidad funcional.

9.6 Miembros

Los actores están en su lugar. Ahora es necesario asignarles sus miembros. Empecemos por los atributos.

La descripción del producto realizada por el cliente no es muy detallada en cuanto a los datos. Por lo tanto, será necesario usar el sentido común para proporcionar el nivel mínimo vital, sin perder tiempo en modelar información que no servirá para nada. De todos modos, antes de iniciar cualquier implementación todas estas decisiones deben ser validadas por el cliente, de manera constante.

- El zoológico en sí mismo no contiene necesariamente información relevante. Podríamos agregar a la clase que lo representa atributos que indiquen su nombre, dirección, número de teléfono, dirección de correo electrónico, etc. Dicho esto, esta información no es útil para la gestión de cuidadores y animales. Por lo tanto, es conveniente mantener la simplicidad y omitirlos.
- Un cuidador debe poder ser identificado en un horario, por ejemplo, y en consecuencia, se le debe asignar su nombre y apellidos. Uno se podría imaginar agregando un número de Seguro Social en caso de homónimos (elección a discreción del cliente). La lista de animales que cuida también se debe establecer como un atributo. Evidentemente, esta lista será modificable en caso de vacaciones, reasignación del animal, cambio de plantilla, etc.
- Unas vacaciones se definen por una fecha de inicio y una duración (también podríamos imaginar una fecha de fin). Para poder encontrar quién las disfrutó, debe estar presente un atributo que haga referencia al empleado en cuestión.

- Un animal tiene una dieta, que se define mediante una lista de valores de enumeración. Debe poder identificar de manera única a un animal, lo que puede ser útil si está enfermo o simplemente para asignarle un cuidador. Por tanto, se debe proporcionar un tributo a tal efecto. Dado que en un momento u otro es muy probable que desee mostrar información del animal (en una página web, aplicación móvil o software de "escritorio"), se puede agregar el nombre de la especie del animal, para ayudar con la identificación ("Cuidador Ángel asociado con el animal # 1244" es poco claro, mientras que "Cuidador Ángel asociado con el animal # 1244 (guepardo)", es un poco más explícito y permite visualizar inconsistencias más rápidamente, especialmente si Ángel teme a los felinos).
- La reserva de alimentos contiene, por necesidad, instancias de alimentos. Por su naturaleza de stock, estas instancias se deben asociar con un contador de cantidad (kilogramos, toneladas, litros, etc.). Uno podría imaginar agregar atributos estadísticos (velocidad de consumo de tal alimento, frecuencia de compra de ese otro), pero por falta de especificaciones, es contraproducente querer imaginar todos los usos posibles. Será necesario entablar una conversación con el cliente para aclarar esto.
- La comida en sí misma no debe contener mucha información, porque su único propósito es ser distribuida a los animales adecuados. Por tanto, se le deben asignar las dietas a las que corresponde, así como un nombre para que, como en el caso de los animales, se puedan leer fácilmente las existencias en una interfaz gráfica.

Esta lista sigue el proceso de pensamiento que un desarrollador podría tener en tal situación. No existe un método riguroso y matemático para establecer la lista de los atributos de un conjunto de clases. O la descripción del negocio que hemos realizado es muy precisa y, por tanto, el trabajo ya está "prestablecido", o está fraccionada. En este caso, solo el sentido común y la intuición pueden hacer avanzar esta primera versión del modelado, mientras se espera un intercambio con el cliente para sacar una segunda.

En este caso, aunque no se sepa completamente cómo funciona un zoológico, una central nuclear o un motor de helicóptero, todavía es posible imaginarlo "ingenuamente" y establecer una lista de atributos en consecuencia.

El diagrama de clases de la aplicación, una vez que se definen los atributos, se parece a lo siguiente:

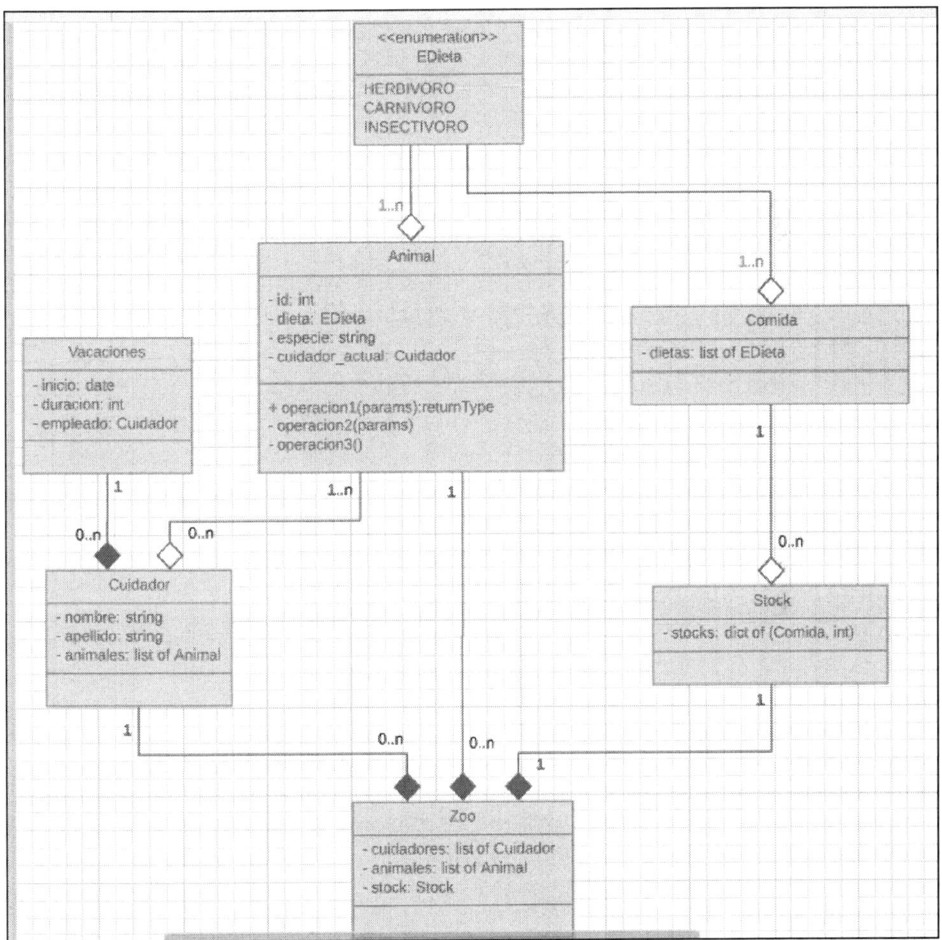

Los nombres de tipos "básicos" como *integer* (entero), *string* (cadena), etc. no se corresponden necesariamente con su nombre real en el lenguaje de desarrollo (en Python, una cadena de caracteres es de tipo `str`, un entero es de tipo `int`, etc.). Esto se debe a que es necesario recordar que UML no se ocupa de la implementación, sino de la arquitectura del software y, por lo tanto, el lenguaje de desarrollo no tiene lugar aquí.

Por esta razón describimos los tipos de atributo utilizando términos más "humanos" que de "máquina".

Observación

Todos los atributos tienen visibilidad privada. Hacer que la visibilidad de los atributos sea privada es algo bueno en POO. Los descriptores de acceso de estos atributos no se han representado para evitar sobrecargar el esquema.

Ahora es el momento de pasar al comportamiento de estas clases, es decir, sus métodos.

- El zoológico, como clase principal y central, tendrá un comportamiento que impactará a las clases que contiene, es decir, los cuidadores, los animales y el stock, así como las relaciones que existen entre ellos. En el contexto del funcionamiento de un zoológico, esta clase actuará como un "jefe" (podríamos haber definido una clase dedicada a la gestión administrativa, pero en la descripción que hace el cliente, esta nueva clase no aporta ningún valor añadido). De esta manera, la asignación de cuidadores a los animales la hará el zoológico, lo que tiene sentido porque esta es la clase que tiene el conocimiento completo de los animales. Por la misma razón, también le corresponde al zoológico decidir si un empleado puede irse de vacaciones o no.
- El cuidador, por definición, cuida a los animales y también los alimenta. Dado que le corresponde a él tomar la iniciativa de solicitar las vacaciones, se debe definir un método para tal fin.
- Un periodo de vacaciones en sí mismo no tiene comportamiento propio. Es solo una clase "contenedor" que almacena datos relacionados con las vacaciones tomadas por los empleados.
- Los animales tienen un papel pasivo en el zoológico: se les alimenta y ya está.
- El stock se encarga de gestionar los alimentos y las cantidades solicitadas. Depende de él asegurarse de que las reservas no estén agotadas y, por qué no, dar una alerta cuando lo estén.

Aquí está la descripción general del diagrama de clases completo de la aplicación de administración del zoológico:

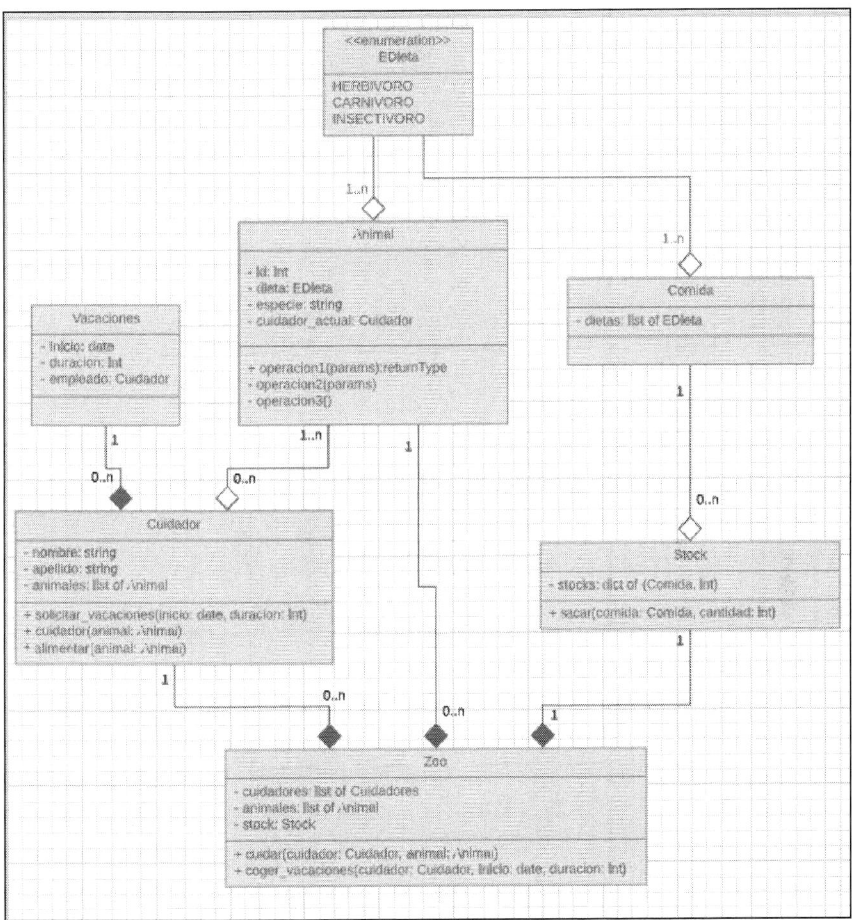

Este esquema es el resultado de una reflexión "ingenua" basada en la descripción proporcionada por el cliente. En cualquier caso, ni este primer borrador, ni los siguientes, deben grabarse en piedra: los diagramas de clases van a evolucionar con los detalles proporcionados por el cliente, los requisitos técnicos, las refactorizaciones, etc. Cuando el cliente acepta el diagrama, o más normalmente, su explicación, puede servir como base para comenzar el desarrollo.

Capítulo 3
Presentación del entorno Python

1. Python, la tercera parte del nombre

Si descubre ahora el entorno de Python o lo ha hecho después del 1 de enero de 2020, es probable que ni siquiera se pregunte acerca de elegir entre Python 2 y Python 3: naturalmente, utilizará la versión más reciente. Pero aquellos cuyo conocimiento del lenguaje es anterior a esta fecha pueden haber notado esta dualidad, esta convivencia que podría haber sido fuente de confusión.

Con el tiempo, Python acumuló algunos errores que se tenían que corregir. Entre estos defectos, citemos la redundancia de información (varias formas de obtener un determinado resultado), la gestión de las cadenas de caracteres no muy óptima, una forma obsoleta de declarar clases, etc. Así, en diciembre de 2008, una versión Python 3.0.0 se lanzó, junto con una versión 2.6.

Esta nueva versión principal de Python no es compatible con Python 2. Es decir, un programa escrito con la versión 3.0.0 o superior de Python, no puede funcionar con un intérprete de Python versión 2 (y viceversa). Esto puede ser problemático si alguna vez un proyecto de Python 3 tiene que usar una librería externa escrita en Python 2. Debido a la incompatibilidad de versiones, esta dependencia no se puede usar, lo que puede añadir un freno al avance del proyecto. Donde antes la elección de la versión principal de Python era una cuestión espinosa, desde 2020 ya no se produce: Python 3 es ahora la única versión mantenida de Python.

Cuando se lanzó Python 3, la comunidad de Python anunció la muerte programada de Python 2 para 2015 y comunicó ampliamente la importancia de migrar todos los proyectos de Python a esta nueva versión principal. Esto realmente no se produjo, y en 2014, dada la extensión de los importantes y populares proyectos de Python que todavía estaban en la versión 2, se estableció una prórroga hasta 2020. En la actualidad, los sistemas operativos Linux y macOS ya no ofrecen Python 2 en su instalación base y Windows nunca lo hizo.

Observación

Estos hechos pueden parecer una anécdota histórica, pero dada la enorme popularidad de Python antes de la versión 3, se escribieron un gran número de librerías en esta versión, que no son compatibles con la versión 3, la que actualmente se mantiene. Conocer esta parte de la historia de Python, significa estar alerta cuando desee incluir una librería en su proyecto, lo que supone verificar que sea compatible con Python 3.

2. Instalación

2.1 python.org

Vaya a https://www.python.org/downloads/. El sitio de Python debería ofrecerle automáticamente un archivo correspondiente a su sistema operativo.

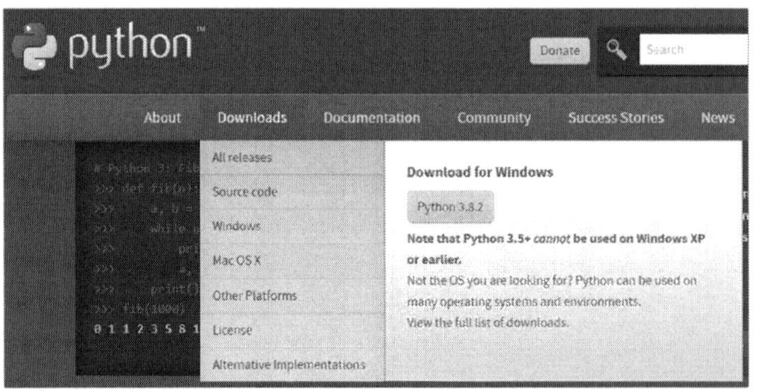

2.2 Windows

De forma predeterminada, el sitio le pide que descargue un archivo de "instalación web", que requiere una conexión a Internet. Al navegar a la página de descarga de una versión específica de Python (generalmente en la dirección https://www.python.org/downloads/release/python-3125/ para la versión 3.12.5)), podrá elegir entre:

- un archivo comprimido que contiene una versión de Python, que se puede usar sin tener que instalarlo (esto es práctico si no tiene suficientes permisos para realizar una instalación estándar);
- un instalador "clásico";
- el instalador a través de la Web.

Durante la instalación, tendrá que decidir sobre algunas opciones de las que se muestran los detalles aquí:

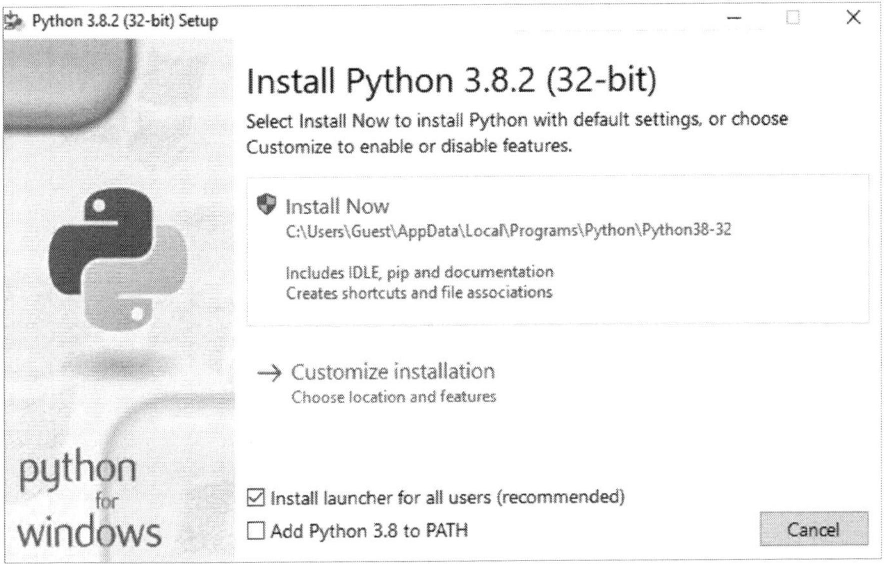

En la parte inferior de esta pantalla, tiene dos opciones disponibles:

- **Use admin privileges when installing py.exe** (usar privilegios de administrador al instalar py.exe) determina si el programa **Python (py.exe)** es accesible para todos los usuarios del sistema o solo para el usuario actual.
- **Add Python.exe to PATH** (añadir o no el ejecutable en el PATH). El PATH es una variable de entorno que generalmente contiene varios directorios. Cuando un usuario quiere ejecutar un comando (normalmente python o incluso dir), el sistema operativo buscará en los directorios del PATH si el ejecutable deseado está presente. Si es así, el comando funcionará. De lo contrario, aparecerá un mensaje de error indicando que no se encontró el ejecutable. Si planea usar Python desde la línea de comandos, debe marcar esta opción. Si piensa usar solo IDEs para trabajar, puede dejarla sin marcar.

Si está satisfecho con la elección del destino y el contenido que se va a instalar, puede ejecutar la instalación. De lo contrario, es necesaria la personalización de las opciones de instalación:

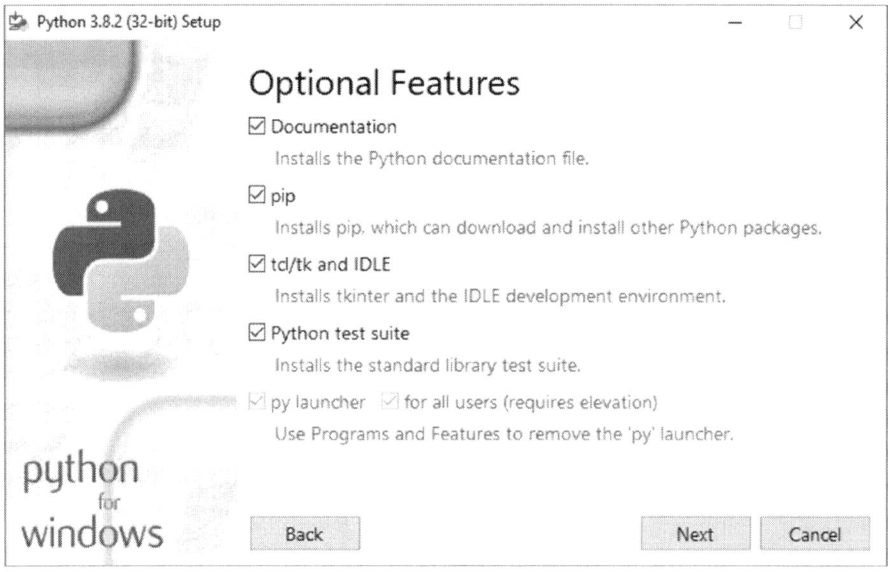

- **Documentation**: instalar la documentación puede ser interesante si a menudo no tiene conexión a Internet (de viaje, por ejemplo).

- **pip**: pip es una herramienta fácil de usar para instalar bibliotecas en lugar de recuperarlas e instalarlas manualmente.
- **tcl/tk and IDLE**: tcl/tk es un módulo para generar interfaces gráficas; IDLE es un entorno de desarrollo gráfico. Marque esta casilla según las necesidades de su proyecto y su método de trabajo.
- **Python test suite**: la suite de pruebas de Python es un conjunto de módulos para probar eficazmente su aplicación y se debe instalar sin dudarlo.
- **py launcher**: el lanzador de Python se explicó anteriormente.
- **for all users (requires admin privileges)** permite instalar Python para todos los usuarios de la máquina, pero se requieren derechos de administrador.

Después del contenido de la instalación, aquí están los parámetros:

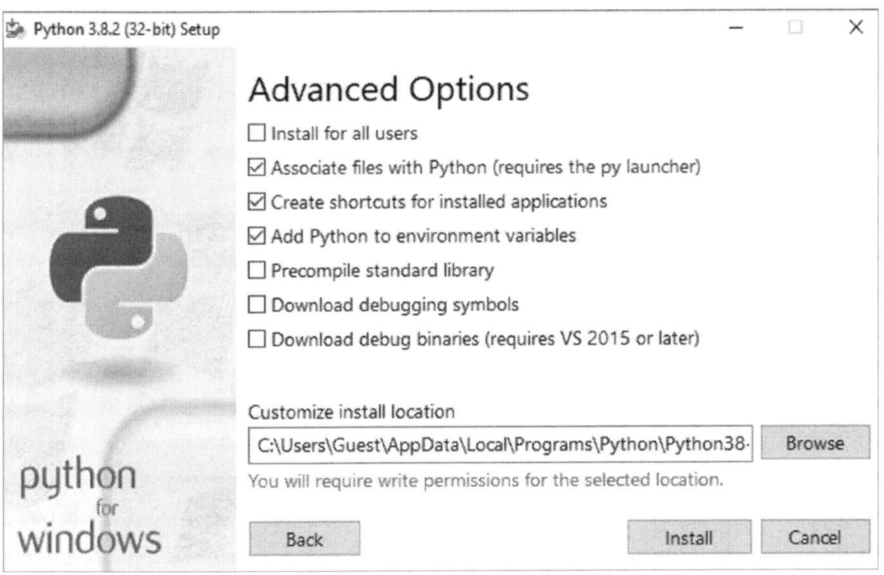

Para las pocas opciones que no son explícitas:

- **Add Python to environment variables** (añadir Python a las variables de entorno), permite que el sistema sepa dónde están los ejecutables de Python, las librerías, etc.
- Cuando depura su aplicación, Python genera archivos de depuración que contienen su código, así como información adicional para que sea más fácil para usted. Para poder navegar en los módulos básicos de Python durante la depuración, es necesario instalar los símbolos de depuración de estos módulos, a través de la opción descargar los símbolos de depuración (**Download debugging symbols**) y descargar los binarios de depuración (**Download debug binaries (requires VS2017 or later)**).

▶ Haga clic en **Install** y, después de unos segundos, se instalará Python. Para probar su instalación, abra una ventana de comandos (en Windows: tecla **[Windows] + R**, y luego `cmd`) y escriba el comando `python`. Entra en el entorno del intérprete de Python. Puede escribir todo el código Python que desee, pero para esta prueba de instalación, será suficiente un texto sencillo que se muestra en la pantalla: `print('Hello, World!')`.

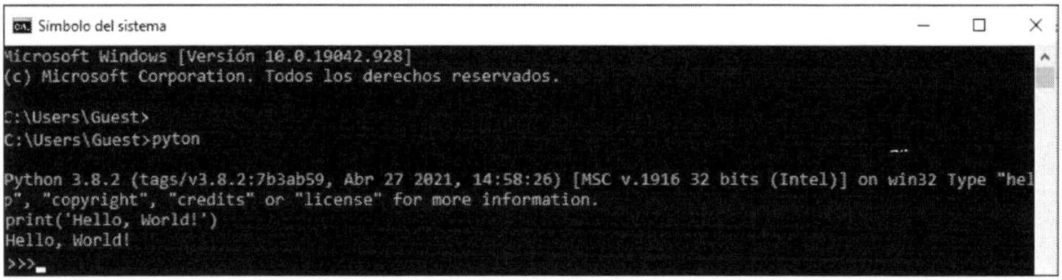

Símbolo del sistema

```
Microsoft Windows [Versión 10.0.19042.928]
(c) Microsoft Corporation. Todos los derechos reservados.

C:\Users\Guest>
C:\Users\Guest>pyton

Python 3.8.2 (tags/v3.8.2:7b3ab59, Abr 27 2021, 14:58:26) [MSC v.1916 32 bits (Intel)] on win32 Type "hel
p", "copyright", "credits" or "license" for more information.
print('Hello, World!')
Hello, World!
>>>
```

2.3 mac OS X

A partir de macOS Monterey (12.3), lanzado en octubre de 2021, Python 3 se instala de forma predeterminada con el programa python3. El sufijo 3 es un remanente de los días en que ambas versiones de Python se instalaban una al lado de la otra.

Para verificar su instalación, abra la aplicación "Terminal" y escriba:

```
$> python3 --version Python 3.12.5

$> python3
Python 3.12.5 (main, Aug  6 2024, 19:08:49) [Clang 15.0.0
(clang-1500.3.9.4)] on darwin
Type "help", "copyright", "credits" or "licence" for more information.
>>> print("Hola Python!") Hola Python!
```

Tener que agregar la versión al nombre del ejecutable puede ser problemático si alguna vez tiene scripts que usan el comando python (sin el sufijo). Por lo tanto, puede ser necesario indicarle a su shell que el comando python apunta al ejecutable python3. Para hacer esto, necesita crear un alias en su archivo de configuración de shell, que es .bashrc por defecto y se encuentra en la raíz de su directorio de inicio:

```
$> echo "alias python=/usr/local/bin/python3.12.5" >> ~/.bashrc
```

Después de ejecutar el comando anterior, debe verificar que el alias funcione:

```
$> python -version
Python 3.12.5
```

2.4 Unix/Linux

La mayoría de las disrtribuciones populares, ya tienen por defecto Python 3. Por lo tanto, no es necesario ningún proceso de instalación. Si tiene que instalar Python el sitio de Python no ofrece un archivo de instalación. Dependiendo de la distribución en la que esté trabajando, es muy probable que exista una herramienta de administración de software, que le permitirá instalar Python 3.

```
$> apt install python3 # En Ubuntu
$> emerge --ask dev-lang/python # En Gentoo
```

3. Herramientas

3.1 pip

El ejecutable pip se usa para instalar librerías de Python desde la línea de comandos. Esto es muy útil, ya que puede ser bastante tedioso ir al sitio web que aloja la librería, descargarla y colocarla en el lugar correcto para que Python pueda acceda a ella.

Todo esto lo hace automáticamente pip, que también es la herramienta oficial del grupo de trabajo responsable de mantener los principales proyectos de la librería de Python (PyPA: *Python Package Authority*). Este grupo de trabajo alimenta un índice oficial de módulos disponibles al que se conecta pip. Por lo tanto, es la mejor manera de asegurarse de que tiene dependencias perfectamente estables y actualizadas.

Al igual que con el ejecutable de Python, es posible que deba usar el comando `pip3` y no `pip` para llamar al instalador dedicado a Python 3 (principalmente en macOS o Ubuntu). Verificar la versión llamando al comando `pip -version` puede ahorrarle algunos problemas.

```
$> pip install pyside6 # Instala la librería Qt para Python
```

pip también ofrece otros comandos prácticos para administrar las librerías instaladas en su sistema:

- `pip uninstall` para desinstalar las librerías que ya no necesita.
- `pip list` para obtener la lista de librerías instaladas.
- `pip help` para mostrar todas las demás opciones disponibles.

3.2 IDLE

IDLE *(Integrated Development and Learning Environment*: entorno integrado de aprendizaje y desarrollo) es un IDE básico para Python y disponible en todos los sistemas operativos. Ofrece varias funciones que incluyen:

- la coloración sintáctica;
- el autocompletado;
- un depurador;
- una indentación "inteligente".

```
Python 3.8.1 Shell
Python 3.8.1 (default, Apr 18 2020, 23:23:02)
[Clang 11.0.3 (clang-1103.0.32.29)] on darwin
Type "help", "copyright", "credits" or "license()" for more information.
>>>
======================== RESTART: /Users/vincent/fibo.py =====================
==
1
5
21
>>>
Ln: 9  Col: 4
```

```
fibo.py - /Users/vincent/fibo.py (3.8.1)
def fibo(n):
    if n == 0 or n == 1:
        return n
    return fibo(n - 1) + fibo(n - 2)

print(fibo(1))
print(fibo(5))
print(fibo(8))

Ln: 8  Col: 14
```

Sin embargo, aunque esta herramienta es suficiente para iniciarse en Python, está claramente limitada para un uso más avanzado. Es muy deficiente en términos de ergonomía, faltan funcionalidades importantes en la interfaz gráfica (numeración de líneas, navegación más fácil entre archivos, personalización de colores y fuentes de letra, etc.).

3.3 PyCharm

PyCharm (https://www.jetbrains.com/pycharm) es un IDE desarrollado por Jet-Brains, del que existe una versión de pago y otra versión gratuita. La versión de pago permite aprovechar las funcionalidades más avanzadas, como la administración de la conexión a una base de datos, un profiler de Python avanzado, etc. La versión gratuita es muy rica y muy agradable de usar.

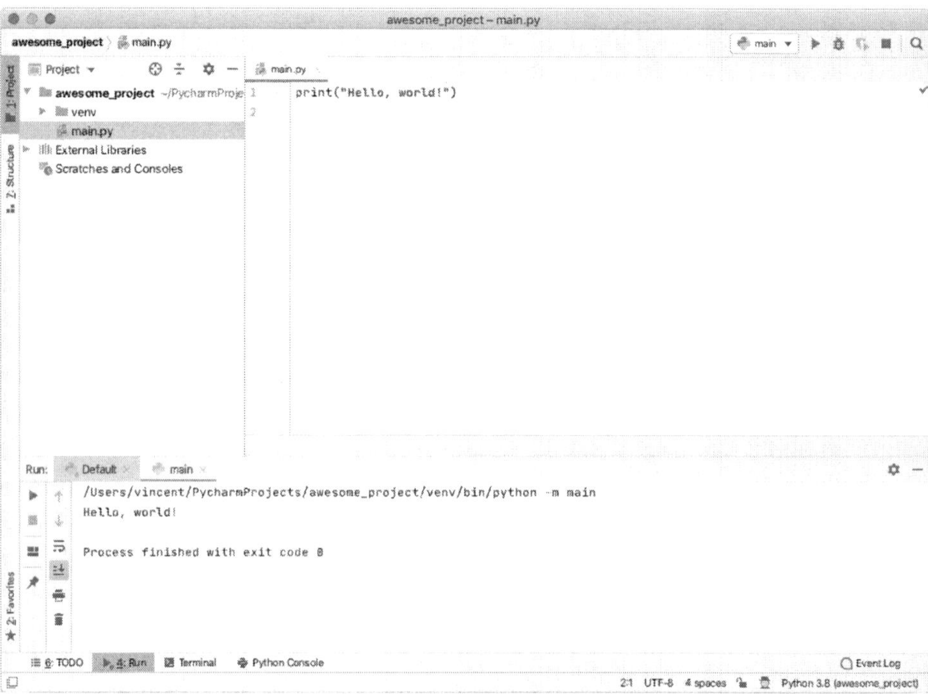

Dicho esto, para escribir e interpretar scripts didácticos como los propuestos en este libro, un editor de texto que ofrezca coloración sintáctica para Python y una consola es más que suficiente.

4. Algunos conceptos básicos de Python

4.1 Introducción

Como este libro trata de la programación orientada a objetos y no del lenguaje Python en sí mismo, las mecánicas del lenguaje que no están directamente relacionadas con la POO no se presentarán en detalle. Esta sección está ahí para presentar superficialmente algunas facetas del lenguaje, con el objetivo de que se familiarice con él. Para un mayor dominio, las primeras secciones de la excelente documentación de Python están disponibles en esta dirección: https://docs.python.org/3/

4.2 Filosofía

Python fue diseñado y escrito de acuerdo con un gran principio fundamental: la belleza del código, es decir, su legibilidad, su simplicidad, su fluidez, es más importante que su velocidad de ejecución o su ingenio. Python quiere ser accesible al mayor número, fácil de usar, de muy alto nivel sin perder eficiencia y modularidad.

También hay un adjetivo para expresar el hecho de que un código respeta ciertas características de la filosofía Python: pythónico. El código fuente pythónico es fácil de leer y comprender el código fuente, sin arquitectura o diseño complicado, con nombres claros y autoexplicativos.

Un ejemplo de código, ciertamente funcional, pero alejado de la filosofía Python:

```
def mul(m1,m2):
    return m1[0][0]*m2[0][0]+\
    m1[0][1]*m2[1][0]+\
    m1[1][0]*m2[0][1]+\
    m1[1][1]*m2[1][1]
>>> print(mul([[1,2],[3,4]],[[4,3],[2,1]]))
21
```

Aquí se realiza el mismo cálculo, pero utilizando las herramientas adecuadas, una mejor notación para los conceptos manipulados, líneas y espacios adicionales para una mejor visibilidad:

```
from itertools import product

def producto_matricial_2x2(matriz1, matriz2):
    resultado = 0
    for i, j in product(range(2), repeat=2):
        resultado += matriz1[i][j] * matriz2[j][i]
    return resultado

matrix1 = [ [1, 2],
            [3, 4] ]
matrix2 = [ [4, 3],
            [2, 1] ]
>>> print(producto_matricial_2x2(matrix1, matrix2))
21
```

El código es ciertamente más largo, pero mucho más agradable a la vista. Tenga en cuenta que una línea de código se escribe solo una vez, pero se lee decenas de veces. Hay que darle prioridad tanto a la facilidad de lectura como a la economía de escritura.

4.3 Lenguaje interpretado y compilado

Un lenguaje interpretado significa que, durante su ejecución, las líneas de código se procesan directamente por el intérprete, que las convierte en rutinas de máquina. Por el contrario, un lenguaje compilado requiere una traducción completa del código fuente en una serie de archivos binarios, que luego son ejecutados por la máquina.

Python es al mismo tiempo interpretado y compilable. Cuando llama al ejecutable de Python en un archivo fuente simple, cada línea de código se interpreta y ejecuta. Por otro lado, si importa un módulo (a través de la instrucción `import`), se copiará una versión compilada del mismo en su proyecto (generalmente en forma de archivo .pyc).

La compilación de un módulo de Python puede ser útil si alguna vez desea distribuir su aplicación sin que sus usuarios tengan acceso al código fuente.

4.4 Duck typing

Python sigue el principio de "duck typing" (literalmente "tipado de pato"), que podría resumirse en la siguiente frase: "Si camina como un pato, nada como un pato y grazna como un pato, entonces se considera que es un pato.» Si aplicamos este principio a un código fuente de Python, significa que no importa el tipo de variable siempre que sepa operar los procesamientos que se le aplican (llamada a métodos, operaciones, etc.). Por ejemplo:

```
def addition(x, y) :
    return x + y

addition(1, 2)
addition('Hola,', ' Python')
addition(None, None)

$> 3
$> Hola, Python
$> TypeError: unsupported operand type(s) for +: 'NoneType' and 'NoneType'
```

El método `addition()` toma dos parámetros y aplica el operador binario + en ambos. No sé realizará ninguna comprobación inicial sobre ninguna variable.

En el primer caso, todo va bien: el operador + está bien definido para los números enteros. Lo mismo ocurre con las cadenas de caracteres: el operador + concatena dos cadenas. Sin embargo, el operador + no está definido para `None`: se lanza una excepción, el código no se puede ejecutar.

Duck typing es sumamente práctico para olvidarse del tipado de las variables y enfocarse solo en su comportamiento, es decir, en su capacidad para responder a las solicitudes que reciben. El inconveniente es que los errores solo son detectables cuando se ejecuta el programa y, por lo tanto, debe probar su código de manera exhaustiva para asegurarse de que no se produzcan fallos.

■ Observación

Algunos sugerirían que para superar este problema, sería suficiente probar la presencia o no de dicha operación en la variable y manejar adecuadamente el caso en el que la operación no se pueda realizar. De hecho, es factible, pero rompe completamente con la filosofía del lenguaje Python. Si el duck typing no se adapta al problema, no intente retorcer la herramienta para solucionarlo: debe cambiar la herramienta.

Aunque Python es conocido por su tipado dinámico, desde la versión 3.5 el lenguaje también ofrece la posibilidad de anotar funciones y parámetros con tipos. Por ejemplo:

```
def addition(x : int, y : int) -> int :
  return x + y
```

Las anotaciones de tipo indican que la función espera dos números enteros como entrada y devuelve un valor que también es un número entero. Sin embargo, estas son solo anotaciones: el lenguaje no impone en ningún caso que el tipo de los valores pasados a la función sea del mismo tipo que la anotación:

```
addition(1.0, 2.0) # Dos enteros con coma flotantes
>>> 3.0
```

Las anotaciones son utilizadas por herramientas externas al lenguaje para poder analizar el código e identificar posibles problemas. Dado que estas anotaciones de tipo no tienen impacto en la ejecución del código, se mencionan en esta sección sobre tipificación, pero no se utilizarán en el resto de este libro.

4.5 Módulos

En Python, un archivo que contiene código se llama módulo. Por motivos de legibilidad, es más que recomendable dividir un programa en varios módulos distintos. Cualquier símbolo (variable, función o clase) definido en la raíz de un módulo, es visible cuando se importa.

Es posible importar un módulo de dos formas diferentes:

```
print("Lectura del módulo B")

texto = "Lorem ipsum"
entero = 42

def doble(i):
    return i * 2
```

b.py

```
import b

print(b.texto)
print(b.entero)
print(b.doble(5))
```

a.py

La instrucción `import` lee el módulo indicado y los símbolos se importan en un espacio de nombres que tiene el del módulo (en este caso, *b*). Para evitar tener que usar el espacio de nombres del módulo, hay otra sintaxis:

```
from b import texto, entero, doble

print(texto)
print(entero)
print(doble(5))
```

a.py

Gracias a este método, no solo se puede acceder directamente a los símbolos importados en el espacio de nombres principal, eliminando la necesidad de prefijarlos con el nombre del módulo, sino que también permite importar solo los símbolos deseados en lugar de todos.

Capítulo 4
Los conceptos de la POO con Python

1. Clase

1.1 Declaración

Una clase es la definición de un concepto de negocio, contiene atributos (valores) y métodos (funciones).

En Python, el nombre de una clase no puede comenzar con un número o un signo de puntuación, ni puede ser una palabra clave del leguaje como `while` o `if`. Aparte de estas restricciones, Python es muy permisivo con los nombres de clases y variables, incluso permite caracteres acentuados. Sin embargo, esta práctica está extremadamente desaconsejada, debido a problemas de compatibilidad entre diferentes sistemas.

Aquí está la implementación de una clase en Python sin miembros: ni atributo ni método.

```
class MiClase:
    # Por el momento, la clase se declara vacía,
    # de ahí el uso de la palabra clave 'pass'.
    pass
```

La palabra clave `class` está seguida por el nombre de la clase. El cuerpo de la clase está indentado como lo estaría el cuerpo de una función. En un cuerpo de clase, es posible definir:

– funciones (que se convertirán en métodos de la clase);
– variables (que se convertirán en atributos de la clase);
– clases anidadas, internas a la clase principal.

Los métodos y atributos se presentarán en las siguientes secciones del mismo nombre.

Es posible organizar el código de forma aún más precisa, gracias al anidamiento de clases. Tanto como es posible, incluso recomendable, distribuir las clases de una aplicación en varios archivos (llamados "módulos" en Python), puede ser mucho más legible y lógico declarar ciertas clases en una clase "host". La declaración de una clase anidada en otra se parece a esto:

```
# Clase continente, declarada normalmente.
class Coche :

    # Clases contenidas, declaradas normalmente también,
    # pero en el cuerpo de la clase continente.

    class Motor :
        pass

    class Rueda:
        pass
```

La única implicación del anidamiento es que a partir de ahora es necesario pasar por la clase `Coche` para usar las clases `Motor` y `Rueda` usando el operador de acceso "punto": `Coche.Motor` y `Coche.Rueda`. Exactamente como se haría con un miembro clásico.

El anidamiento no tiene ningún impacto en el comportamiento del contenedor o el contenido.

1.2 Instancia

Si se ejecuta el código anterior para declarar una clase vacía, no se muestra nada. Esto es normal, ya que solo hemos declarado una clase. Después de esta ejecución, el entorno de Python sabe que ahora hay una clase llamada `MiClase`. Ahora tendremos que usarla.

Como recordatorio: una clase es una definición, una abstracción de la mente. Esto es lo que permite presentar, exponer los datos del concepto que representa. Para manipular realmente estos datos, necesitaremos una representación concreta de esta definición. Es la instancia, o el objeto, de la clase.

Una instancia (o un objeto) es un ejemplo de una clase. La instanciación es el mecanismo que le permite crear un objeto a partir de una clase. Si la clase es el plano de la arquitectura de una casa, entonces la instanciación es la construcción de la casa y el objeto es la casa construida. Por lo tanto, una clase puede generar varias instancias, pero una instancia solo puede tener como origen una única clase.

Entonces, si queremos crear una instancia de `MiClase`:

```
instancia = MiClase()
```

Los paréntesis son importantes: indican una llamada a un método. Cuando se instancia una clase, el método que se llama para instanciar el objeto se llama `__init__`. Es el constructor de la clase. Si no se define ningún método `__init__` en la clase (como en el caso de `MiClase`), se utiliza automáticamente a un constructor por defecto.

Ahora que tenemos un objeto, es posible mostrar cierta información en la consola:

```
print(instancia)
>>> <__main__.MiClase object at 0x10f039f60>
```

Cuando la variable `instancia` se muestra en la salida estándar, el intérprete informa que es un objeto del tipo `__main__.MiClase`, cuya dirección de memoria es 0x10f039f60.

¿De dónde viene `__main__`? Se trata del módulo en el que se ha declarado `MiClase`. En Python, un archivo fuente se corresponde con un módulo, y el archivo que sirve como punto de entrada para el intérprete se llama `__main__`. El nombre del módulo es accesible a través de la variable especial `__name__`.

```
# Este es el módulo b.
print("Nombre del módulo del archivo b.py : " + __name__)
cifra = 42
```

b.py

```
# Este es el módulo a.
print("Nombre del módulo del archivo a.py : " + __name__)
import b
print(b.cifra)
```

a.py

```
$> python a.py
Nombre del módulo del archivo a.py : __main__
Nombre del módulo del archivo b.py : b
42
```

Salida estándar

El archivo `a.py` sirve como entrada para el intérprete de Python: por lo tanto, a este módulo se le asigna `__main__` como nombre. Al importar el módulo `b.py`, el archivo se lee completamente y muestra el nombre del módulo que corresponde al nombre del archivo.

Dado que una clase siempre es parte de un módulo, la clase `MiClase` se ha asignado al módulo `__main__`.

La dirección hexadecimal de la variable `instancia` se corresponde con la ubicación en memoria reservada para almacenar esta variable. Esta dirección permite, entre otras cosas, diferenciar dos variables que podrían tener el mismo valor.

```
a = MiClase()
print("Info sobre 'a' : {}".format(a))
>>> Info sobre 'a' : <__main__.MiClase object at 0x10b61f908>

b = a
```

```
print("Info sobre 'b' : {}".format(b))
>>> Info sobre 'b' : <__main__.MiClase object at 0x10b61f908>

b = MiClase()
print("Info sobre 'b' : {}".format(b))
>>> Info sobre 'b' : <__main__.MiClase object at 0x10b6797b8>
```

La dirección de `a` es 0x10b61f908. Cuando asignamos `a` a `b` y mostramos `b`, vemos que las variables apuntan a la misma zona de memoria. Por otro lado, si se asigna a `b` una nueva instancia de `MiClase`, entonces su dirección ya no es la misma: se trata de una nueva zona de memoria asignada para almacenar una nueva copia de `MiClase`.

Aquí está todo lo que hay que saber sobre la variable `instancia`. Se puede acceder a otra información relativa a la clase en sí misma:

```
print(MiClase)
>>> <class '__main__.MiClase'>

clase = MiClase
print(clase)
>>> <class '__main__.MiClase'>
```

En Python, todo es un objeto, incluidas las clases. Cualquier objeto se puede asignar a una variable y las clases no son una excepción. Por lo tanto, es perfectamente válido asignar `MiClase` a una variable `clase`, y su visualización en la salida estándar confirma que `clase` es una clase y no una instancia. De ahí la importancia de los paréntesis cuando se desea realizar una instanciación de clase. De hecho, los paréntesis especifican claramente que llamamos al constructor de la clase y, en consecuencia, obtenemos una instancia. La omisión de los paréntesis significa que designamos a la clase en sí misma.

1.3 Miembros de una clase

1.3.1 Atributo

Un atributo es una variable asociada a una clase. Para definir un atributo dentro de una clase, todo lo que tiene que hacer es:

– asignar un valor a este atributo en el cuerpo de la clase:

```
class Circulo:
    # Declaración de un atributo de clase 'radio'
    # al que se le asigna el valor 2.
    radio = 2

print(Circulo.radio)
>>> 2
```

– asignar un valor a este atributo fuera de la clase. Luego hablamos de un atributo dinámico:

```
class Circulo:
    # El cuerpo de la clase se deja vacío.
    pass

# Declaración dinámica de un atributo de clase 'radio'
# al que se le asigna el valor 2.
Circulo.radio = 2

print(Circulo.radio)
>>> 2
```

Los atributos definidos de esta manera se denominan "atributos de clase" porque están vinculados a la clase, a diferencia de los "atributos de instancia", cuyo ciclo de vida está relacionado con la instancia a la que se vinculan. Los atributos de clase se transfieren automáticamente a las instancias de esta clase y se convierten en atributos de instancia.

```
c = Circulo()
print(c.radio)
>>> 2
```

Dado que un atributo de clase se vincula a la clase y no a la instancia, existe durante toda la duración de ejecución del programa. Más precisamente, existe mientras exista la clase a la que está vinculado. Un atributo de instancia, por otro lado, solo existe a través de la instancia a la que está vinculado. Entonces, si se destruye la instancia, también se destruye el atributo de instancia.

```
# Declaración de una instancia de Circulo.
c = Circulo()
# Declaración de un atributo de instancia 'radio'.
c.radio = 5
# Visualización de este atributo de instancia.
print(c.radio)
>>> 5

# Destrucción de la instancia de Circulo.
del(c)
# Visualización del atributo de instancia.
print(c.radio)
>>> Traceback (most recent call last):
  File "a.py", line 28, in <module>
    print(c.radio)
NameError: name 'c' is not defined
# c ya no está definido en el entorno de ejecución de Python.
# Por tanto, los atributos vinculados a esta instancia tampoco.
```

Mientras que un atributo de clase sobrevive a todas las instancias de esta clase.

```
# Declaración de una instancia de Circulo.
c = Circulo()
# Destrucción de la instancia de Circulo.
del(c)
# Visualización del atributo de clase.
print(Circulo.radio)
>>> 2
# El atributo de clase existe siempre.
```

Si el atributo de clase se copia en cada objeto instanciado como atributo de instancia, el hecho es que estos atributos permanecen independientes entre sí. Cualquier modificación en el atributo de instancia no tiene ningún impacto en el atributo de clase. De manera similar, si se cambia el valor del atributo de la clase, no tiene ningún impacto en los objetos ya instanciados (pero obviamente afectará a instancias futuras):

```
c.radio = 4
print(c.radio)
>>> 4
# Atributo de la instancia c.

print(Circulo.radio)
>>> 2
# Atributo de la clase Circulo.

Circulo.radio = 6
print(Circulo.radio)
>>> 6
# Atributo de la clase Circulo
# para el que se acaba de modificar el valor.

print(c.radio)
>>> 4
# Atributo de la instancia c, que permanece inalterado.
```

La elección entre atributo de clase y atributo de instancia depende del alcance que queramos otorgar a este atributo. Si queremos que el valor sea global para todo el programa, entonces el atributo de clase es la solución porque no depende de ninguna instancia. Sin embargo, cualquier modificación de su valor tiene repercusiones en el conjunto de la aplicación, lo que puede dar lugar a comportamientos inesperados si no se domina por completo este cambio. Es más probable que estos errores aparezcan cuanto más grande sea el código. Por tanto, el atributo de clase se debe utilizar con precaución. Si el valor del atributo depende de cada instancia de la clase, entonces el atributo de instancia es la solución correcta. Este valor tiene una vida útil igual a la del objeto que lo contiene, y cualquier cambio solo tiene implicaciones locales en el objeto.

1.3.2 Método

Un método es una función definida en una clase que tiene como primer argumento una instancia de esta clase.

```
class Circulo:

    # Declaración de un método llamado perimetro.
    def perimetro(self):
        # Definición del cuerpo del método,
        # con un valor de retorno.
        return 2 * 3.14 * self.radio

c = Circulo()
c.radio = 2
# Llamada al método perimetro() de la instancia c.
print(c.perimetro())
>>> 12.56
```

El uso de la palabra clave `def` se realiza como cuando se define una función en el espacio de nombres global. Hacerlo en el cuerpo de la clase, al igual que los atributos, vincula la función a la clase. Sin embargo, para ser llamado, un método debe obligatoriamente recibir como primer argumento una instancia de la clase a la que está vinculado. La convención es nombrar este argumento `self`.

Observación

`self` no es una palabra clave del lenguaje como `class` o `while`. Puede asignar otro nombre a este primer argumento. Sin embargo, se desaconseja: la gran mayoría de los desarrolladores de Python utilizan esta convención.

Olvidar el argumento `self` provoca un error al llamar a este "método":

```
class Circulo2:

    def perimetro():
        return 2 * 3.14 * radio

c2 = Circulo2()
c2.radio = 2
print(c2.perimetro())
>>> Traceback (most recent call last):
  File "a.py", line 22, in <module>
    print(c2.perimetro())
TypeError: perimetro() takes no arguments (1 given)
```

El mensaje de error puede dar lugar a confusión: no se da ningún argumento al método `perimetro()`, entonces, ¿por qué el intérprete de Python se queja con razón de recibir uno porque espera cero? A diferencia de otros lenguajes orientados a objetos donde la instancia es automáticamente accesible en el método (a través de la palabra clave `this` en C ++ por ejemplo), en Python, la instancia es un parámetro del método que se le pasa automáticamente como argumento durante la llamada. Cuando llamamos a un método a través de una instancia, es el método "de clase" de hecho el que se llama con la instancia como primer argumento `self`. Por lo tanto, estas dos líneas son completamente equivalentes:

```
print(c.perimetro())
>>> 12.56

print(Circulo.perimetro(c))
>>> 12.56
```

Si llamamos a un método que no tiene `self` como primer argumento, Python se vuelve un poco más explícito:

```
print(Circulo2.perimetro(c2))
>>> Traceback (most recent call last):
  File "a.py", line 22, in <module>
    print(Circulo2.perimetro(c2))
TypeError: perimetro() takes no arguments (1 given)
```

Si, conforme al mensaje de error omitimos el argumento de `perimetro()`, obtenemos:

```
print(Circulo2.perimetro())
>>> Traceback (most recent call last):
  File "a.py", line 22, in <module>
    print(Circulo2.perimetro())
TypeError: unbound method perimetro() must be called with Circulo2
instance as first argument (got nothing instead)
```

Entonces el error es más claro: el método se debe llamar con una instancia de `Circulo2` como primer argumento. De hecho, este no es el caso, ya que el argumento `self` no se ha declarado en la lista de parámetros. Además, este mensaje de error arroja luz sobre los mecanismos establecidos: se trata del término "unbound method" (método no relacionado). En Python, todo es un objeto, incluidos los métodos:

```
# Visualización del método «de clase».
print(Circulo.perimetro)
>>> <unbound method Circulo.perimetro>

# Visualización del método «de instancia».
print(c.perimetro)
>>> <bound method Circulo.perimetro of <__main__.Circulo instance at
0x104520248>>
```

"Unbound method" significa que el método no está vinculado a ninguna instancia y, por lo tanto, no se puede llamar sin argumentos. Por lo tanto, para usarlo correctamente debemos proporcionarle una instancia de `Circulo` como primer argumento: es el famoso `self`. Por otro lado, un "bound method" está efectivamente vinculado a una instancia de `Circulo`, que está en la dirección 0x104520248. Como ya está vinculado, ya no es necesario que le proporcione la instancia: el argumento `self` ya está establecido.

Como objeto, un método se puede asignar también a una variable:

```
p = Circulo.perimetro
c = Circulo()
c.radio = 2
print(p)
>>> <function Circulo.perimetro at 0x10a564730>
# p es el método perimetro de la clase Circulo.
# Este método se almacena en la dirección de memoria indicada.

print(p(c))
>>> 12.56
# La llamada al método de clase con una instancia
# como argumento produce el resultado esperado.

p = c.perimetro
print(p)
>>> <bound method Circulo.perimetro of <__main__.Circulo object at
0x104520248>>
# p es el método perimetro de la clase Circulo relacionado
# con la instancia de Circulo que se almacena en la dirección indicada.

print(p())
>>> 12.56
# La llamada sin argumento del método vinculado a la instancia
# produce el resultado esperado.
```

Es muy importante observar el uso de paréntesis para entender correctamente estos ejemplos. Los paréntesis se utilizan para provocar la llamada de un método. Sin paréntesis, no llamamos: accedemos al método como si fuera un atributo "clásico", por ejemplo un entero o una cadena de caracteres. Una vez que se ha asignado la variable `p`, como a partir de ahora se trata de un método, es necesario el uso de paréntesis para llamar a este método. Decimos que `p` es "invocable". Python ofrece la función nativa `callable()` que verifica si un objeto se puede llamar como función

```
print(callable(p))
>>> True
```

El uso de métodos como objetos permite combinaciones potentes: almacenamiento como atributo, lista de métodos, métodos que reciben otros métodos como argumentos, etc.

```
c = Circulo()
c.radio = 3
# Declaración de una lista de métodos.
metodos_circulo = [Circulo.diametro, Circulo.perimetro, Circulo.area]
# Bucle para recorrer esta lista de métodos.
for m in metodos_circulo:
    # Visualización de la llamada al método actual m
    # con la instancia de Circulo c como primer argumento (self).
    print(m(c))
>>> 6 # Resultado de c.diametro().
18.84 # Resultado de c.perimetro().
28.26 # Resultado de c.area().
```

1.4 Constructor

Para mayor facilidad de escritura y flexibilidad, es posible personalizar el proceso de instanciación de una clase implementando el método `__init__` de esta clase:

```
class MiClase:

    # Declaración del constructor de MiClase
    # como un método clásico.
    def __init__(self):
        print("Construcción de MiClase")

# Instanciación de MiClase, y por tanto, una llamada al constructor.
instancia = MiClase()
>>> Construcción de MiClase
```

El constructor de `MiClase` ha sido sobrecargado por esta implementación, que solo muestra un mensaje en la salida estándar. Este mensaje se muestra en cuanto se realiza la instanciación de `MiClase` (al asignar a `instancia`).

Uno de los usos principales de un constructor es asignar valores predeterminados a los atributos de instancia. De hecho, los atributos de instancia a menudo se prefieren a los atributos de clase porque no es habitual necesitar variables a las que se pueda acceder durante toda existencia de la clase. Es posible definir atributos de manera dinámica, pero para hacer que el código sea más legible, es preferible centralizar la definición de estos atributos de instancia en el constructor de la clase.

Además, esto permite tener un objeto coherente desde el punto de vista de negocio: todos los atributos se inicializan con valores que tienen sentido y que no provocarán un comportamiento inesperado una vez que se instancia el objeto.

```
class MiClase:

    def __init__(self):
        # Inicialización de un atributo de instancia.
        self.alpha = 1

i = MiClase()
print(i.alpha)
```

```
>>> 1
# El atributo alpha se ha inicializado a 1 en el constructor.

print(i.beta)
>>> Traceback (most recent call last):
  File "a.py", line 8, in <module>
    print(i.beta)
AttributeError: MiClase instancia has no attribute 'beta'
# El atributo beta no existe: no se ha declarado
# ni en la clase, ni en el constructor.
```

Es posible, como para cualquier método, pasar argumentos adicionales al constructor para personalizar la instanciación:

```
class Circulo:

    def __init__(self, radio):
        self.radio = radio

    def diametro(self):
        return self.radio * 2

# Creación de un círculo cuyo constructor recibe como argumento
# (además de self) la longitud de su radio.
c = Circulo(3)
print(c.diametro())
>>> 6
```

Algunos se preguntarían cuál es la instancia que se pasa a `__init__` a través de `self`, dado que este es el método utilizado precisamente para crear una instancia. De hecho, la función `__init__` no es realmente el constructor sino que, como su nombre indica, se usa para inicializar el objeto antes de usarlo en el programa. Esta es también la razón por la que `__init__` no devuelve una nueva instancia: ya se ha creado y simplemente se pasa como argumento. El método verdaderamente creador de instancia es el método `__new__`. Sin embargo, es bastante raro usarlo manualmente. A menos que desee controlar algún aspecto de la instanciación de clases, la mayoría de las veces, solo es necesario personalizar la inicialización.

```
class MiClase():

    def __new__(cls):
        # Creación real de la instancia.
        # super() se explicará en la sección Herencia.
        new_instance = super().__new__(cls)
        # Visualización de la instancia completamente nueva.
        print(new_instance)
        # Devolvemos la instancia.
        return new_instance

    def __init__(self):
        print(self)

i = MiClase()
>>> <__main__.MiClase object at 0x10a5a58d0> # print() en __new__()
<__main__.MiClase object at 0x10a5a58d0>     # print() en __init__()
```

1.5 Destructor

La contraparte del constructor, que es el método llamado durante la instanciación de una clase, es el destructor, que es el método llamado cuando se destruye la instancia.

El entorno Python tiene una herramienta llamada "recolector de basura", que se encarga automáticamente de eliminar los objetos que ya no se usan en el programa, liberando memoria que se puede reciclar para instanciar otras clases.

Eliminar un objeto provoca la llamada a su método `__del__`, al igual que la instanciación invoca el método `__init__`.

A menos que se llame explícitamente (`MiObjeto .__ del __ ()`), al destructor de instancia solo lo llamará el recolector de basura. Esta llamada solo se realiza cuando ya no se hace ninguna referencia a esta instancia, ya sea a través de una variable, un atributo de clase, una lista, etc. Para eliminar una referencia a una instancia, debe usar la palabra clave `del`.

```
class Test:
    # Sobrecarga del destructor de la clase Test
    def __del__(self):
        print("Destrucción")

# Primera referencia a la instancia de Test()
test1 = Test()
# Segunda referencia a la instancia de Test()
test2 = test1
# Se elimina una referencia a la instancia de Test()
del test1
# La instancia no se destruye porque todavía hay una referencia.
print("No hay destrucción")
>>> No hay destrucción
# se elimina la segunda instancia de Test()
del test2
>>> Destrucción # Sin más referencias a la instancia:
                # el recolector de basura la destruye.
```

El interés del destructor es mantener un entorno de programa "limpio". Por ejemplo: no dejar un recurso externo en un estado que lo volvería inútil después de la destrucción de la instancia. Un archivo abierto que no ha sido cerrado haría imposible su escritura (un sistema operativo digno de ese nombre no autorizará una escritura mientras una lectura está en curso). Archivos, conexiones de red, espacio de memoria, etc. hay muchos recursos que el recolector de basura no puede restaurar después de ser utilizados por la aplicación Python. De hecho, eso requeriría que el recolector de basura lleve a cabo operaciones que van más allá de su ámbito de competencia y su función. Además, el sistema operativo corre el riesgo importante de prohibir que el recolector de basura realice modificaciones fuera del programa Python en el que opera, de ahí la importancia de los destructores.

```
class MiClase:

    def __init__(self):
        print("Construcción de MiClase")
        # Apertura de un archivo en modo escritura
        # y asignación de este archivo a un atributo.
        self.archivo = open('archivo.txt', 'w')

    def __del__(self):
        print("Destrucción de MiClase")
        # Cierre del archivo abierto en el constructor.
```

```
        self.archivo.close()

    def escribir(self):
        # Escribir en el archivo.
        self.archivo.write("Esto es una prueba.")

instancia  = MiClase()
>>> Construcción de MiClase

instancia.escribir()
# Escritura en el archivo...

del instancia
>>> Destrucción de MiClase

print(instancia)
>>> Traceback (most recent call last):
  File "a.py", line 20, in <module>
    print(instancia)
NameError: name 'instancia' is not defined
```

Observamos la llamada al método `__init__` durante la instanciación y la llamada al método `__del__` durante la destrucción, gracias a los mensajes que se muestran en la salida estándar. Además, también observamos que el hecho de querer mostrar un objeto destruido provoca un error.

1.6 Ejercicios

1.6.1 Palíndromo - método de clase

Enunciado: crear una clase `Palindromo` que contenga un método de clase `esPalindromo()`, que devuelve un valor booleano que indica si una cadena de caracteres pasada como argumento es un palíndromo. Un palíndromo es una cadena que se puede leer de izquierda a derecha o de derecha a izquierda. Se tienen en cuenta los caracteres no alfanuméricos.

Comportamiento esperado:

```
print(Palindromo.esPalindromo('radar'))
>>> True
print(Palindromo.esPalindromo('sonar'))
>>> False
print(Palindromo.esPalindromo('Arde ya la yedra'))
>>> False
print(Palindromo.esPalindromo('Ardeyalayedra'))
>>> True
print(Palindromo.esPalindromo('!@#$% %$#@!'))
>>> True
print(Palindromo.esPalindromo('L O L'))
>>> True
```

Solución:

```
class Palindromo:
    # Método de clase que verifica si una cadena s
    # es un palíndromo.
    def esPalindromo(s):
        # Una cadena de un único carácter o una cadena vacía
        # son palíndromos.
        if len(s) <= 1:
            return True
         # Si el primer y último carácter son iguales,
         # y si la subcadena restante es ella misma
         # un palíndromo, entonces toda la cadena es
         # un palíndromo.

         # El uso del índice -1 permite recuperar
         # el último carácter de una cadena.

         # El uso del carácter ':' permite extraer una
         # subcadena que especifica los índices de inicio y fin.
         return s[0] == s[-1] and Palindromo.esPalindromo(s[1:-1])
```

1.6.2 Palíndromo - método de instancia

Enunciado: en esta misma clase `Palindromo`, añada un atributo que se inicializará en el constructor. Añada también un método `test()` que pruebe si el atributo de la instancia es un palíndromo. Además, al destruir la instancia, muestre el atributo en la salida estándar.

Comportamiento esperado:

```
p = Palindromo("radar")
print(p.test())
>>> True
p = Palindromo("sonar")
>>> radar
print(p.test())
>>> False
sonar
```

Solución:

```
class Palindromo:

    def __init__(self, cadena):
        self.cadena = cadena

    def __del__(self):
        print(self.cadena)

    def test(self):
        return Palindromo.esPalindromo(self.cadena)

    def esPalindromo(s):
        # Implementación inalterada...
```

Pregunta adicional: ¿por qué se muestra radar después de la instanciación `Palindromo("sonar")`?

Respuesta: se llama al destructor de la instancia `Palindromo("radar")` cuando ya no se hace ninguna referencia más a esta instancia. La variable `p` hace referencia a esta instancia, hasta que hace referencia a la instancia `Palindromo("sonar")`. En consecuencia, ya nadie hace referencia a `Palindromo("radar")` y el recolector de basura de Python lo destruye en este momento.

1.6.3 Puzzle

Enunciado: adivina qué mensajes se muestran mediante el siguiente código voluntariamente poco comprensible:

```
class A:
    def z(self):
        return self

    def y(self, t):
        return len(t)

a = A
y = a.z
print(y(a))
aa = a()
print(aa is a())
z = aa.y
print(z(()))
print(a().y((a,)))
print(y((y,y)))
```

Solución:

```
# a referencia la clase A.
a = A
# y referencia al método no relacionado A.z. y por lo tanto es 'callable'
# porque es un método.
y = a.z
# El método A.z() se llama a partir de la variable a, que se
# pasa en el primer argumento. El método A.z() devuelve
# su primer argumento, esta línea muestra la clase A.
print(y(a))
>>> <class '__main__.A'>

# aa es una instancia de la clase A.
aa = a()
# a() es una nueva instancia de la clase A, y por tanto
# diferente de aa que se ha instanciado anteriormente.
# Son dos instancias diferentes.
print(aa is a())
>>> False

# z referencia al método A.y relacionado con la instancia aa.
# z es 'callable'.
z = aa.y
# A.y devuelve el tamaño de un contenedor. () siendo una tupla
# (y por lo tanto un contenedor) vacío, su tamaño es nulo.
```

```
print(z(()))
>>> 0

# a () es una nueva instancia de A, por lo que llamamos
# al método y() con una tupla que contiene solo un elemento.
# La coma está ahí para evitar la ambigüedad entre paréntesis
# de agrupación matemática como 1 - (2 + 3).
# Por lo tanto, esta línea devuelve el tamaño de la tupla, es decir, 1.
print(a().y((a,)))
>>> 1

# y hace referencia al método no relacionado A.z, al que llamamos con una
# tupla que contiene dos elementos: dos veces el método en sí mismo.
# A.z devuelve el parámetro que se le dio, por lo tanto una tupla
# que contiene dos veces el método no relacionado A.z.
print(y((y,y)))
>>> (<function A.z at 0x1019db6a8>, <function A.z at 0x1019db6a8>)
# Es probable que la dirección proporcionada sea diferente a la suya.
```

1.6.4 Logger

Enunciado: escriba una clase `Logger`, cuyo objetivo sea escribir un mensaje dado como parámetro en un archivo cada vez que se llame al método `log(mensaje)`. La primera línea del archivo debe ser "--Start log--", seguida de los mensajes recibidos por el método `log` en la parte superior de un mensaje por línea, y la última línea del archivo, escrita cuando se destruye la instancia de `Logger`, debe ser "--End log: *x* log (s) -" donde *x* es el número de llamadas al método `log`. Esta clase `Logger` se utilizará en un método `llamada()` de una clase `Test`.

Comportamiento esperado:

```
test = Test()
for i in range(1, 6):
   if i == 1:
       test.llamada("Primera llamada")
   else:
       test.llamada("{}ª llamada".format(string))
$> cat log.txt
--Start log--
Primera llamada
2ª llamada
3ª llamada
4ª llamada
5ª llamada
```

```
--End log: 5 log(s)--
```

Solución:

```
class Logger:
   def __init__(self):
       # Apertura del archivo en modo escritura
       self.log_file = open("log.txt", "w")
       # Inicialización del contador de logs
       self.log_count = 0
       # Escritura de la primera línea
       self.log_file.write("--Start log--\n")

   def __del__(self):
       # Destrucción de la instancia :
       # se escribe la última línea del archivo
       self.log_file.write("--End log: {}
log(s)--\n".format(self.log_count))
       # Cierre correcto del archivo
       self.log_file.close()

   def log(self, mensaje):
       # Escritura del mensaje que se pasa como argumento
       self.log_file.write("{}\n".format(mensaje))
       # Incremento del contador de logs
       self.log_count += 1

class Test:
   def __init__(self):
       self.logger = Logger()

   def llamada(self, mensaje):
       self.logger.log(mensaje)
```

2. Herencia

2.1 Construcción

Herencia es el mecanismo por el que una clase es propietaria de los miembros de otra clase, con el objetivo de especializarlos o agregar nuevos. La sintaxis de Python es la siguiente:

```
# Definición de la clase de base.
class Forma:
    x = 0
    y = 0

# Definición de la clase derivada.
class Circulo(Forma):
    # El cuerpo de la clase derivada está vacío.
    pass

c = Circulo()
print(c.x, c.y)
>>> 0 0
```

La clase `Circulo` hereda de la clase `Forma` y por tanto recupera los dos atributos `x` e `y`, que representan las coordenadas de su centro. Sin embargo, este centro es propio de la instancia de la forma, y estos atributos se deben inicializar en el constructor, como se vio en las secciones anteriores. Cuando se instancia una clase derivada, es su constructor el que llama al constructor de la clase base. En el caso de un constructor predeterminado, como es el caso de la clase `Circulo`, esta tarea se realiza automáticamente.

Pero en caso de reimplementación del constructor, no debemos olvidarnos de hacer explícitamente esta llamada, corriéndose el riesgo de obtener un comportamiento inesperado:

```
# Definición de la clase de base.
class Forma:
    # Constructor de la clase de base.
    def __init__(self):
        print("Init Forma")
        # Inicialización de los atributos de instancia.
        self.x = 0
```

```
        self.y = 0

# Definición de la clase derivada.
class Circulo(Forma):
    # Constructor de la clase derivada, que no llama
    # al constructor de la clase de base.
    def __init__(self):
        print("Init Circulo")

c = Circulo()
>>> Init Circulo # Constructor de Circulo llamado,
                 # pero no el de Forma.

print(c.x, c.y)
>>> Traceback (most recent call last):
  File "/Users/mankalas/a.py", line 14, in <module>
    print(c.x, c.y)
AttributeError: 'Circulo' object has no attribute 'x'
```

El constructor de `Circulo` se llamó correctamente, porque se realizó la instrucción `print()`. Sin embargo, el error de ejecución informa de que el atributo `x` no existe, lo que indica que el constructor de `Forma` en sí no se llamó (especialmente porque el mensaje del constructor `Forma` no apareció en la salida estándar).

Llamar al constructor de la clase de base se debe hacer de manera explícita:

```
class Circulo(Forma):

    def __init__(self):
        # Llamada explícita al constructor de la clase de base.
        Forma.__init__(self)
        print("Init Circulo")

c = Circulo()
>>> Init Forma
Init Circulo

print(c.x, c.y)
>>> 0 0
```

Es importante llamar al constructor de la clase base, porque es necesario estar seguro de que los miembros de esta clase base estén correctamente inicializados, antes de usarlos potencialmente en el constructor de la clase derivada. Por ejemplo, el constructor de una clase básica `A` abre una comunicación de red con un servidor para leer los datos allí y almacenarlos en un atributo. Si una clase derivada `B` usa estos datos para inicializarse y si no llama al constructor de la clase `A`, entonces los datos requeridos no están disponibles y el constructor de `B` fallará o provocará un error.

En lugar de escribir de manera explícita el nombre de la clase base para llamar a su constructor, hay otra forma más elegante y escalable que es usar el objeto `super`. `super` es un objeto un poco particular, que delega cualquier llamada del método o atributo a la clase madre del objeto desde el que se le llama. En el ejemplo anterior, simplemente reemplace `Forma.__init__(self)` por `super().__init__()` para obtener una llamada al constructor de la clase base.

De hecho, teniendo en cuenta que `super` delega el trabajo a la clase base, `super().__init__()` solo llama al constructor de `Forma`, pasándole implícitamente como argumento la instancia de `Circulo` que se está inicializando:

```
class Forma:

    def __init__(self):
        print("Init Forma instancia", self)
        self.x = 0
        self.y = 0

class Circulo(Forma):

    def __init__(self):
        super().__init__()
        print("Init Circulo instancia", self)


c = Circulo()

>>> Init Forma instancia <__main__.Circulo object at 0x10c227860>
Init Circulo instancia <__main__.Circulo object at 0x10c227860>
```

```
print(c.x, c.y)
>>> 0 0
# Los atributos heredados de Forma están presentes.
```

Python proporciona algunas funciones básicas, para verificar las relaciones de herencia:

- `type()` devuelve el tipo de objeto que se pasa como parámetro. Este valor devuelto es en sí mismo del tipo `type`, que es un tipo especial que representa las clases de Python.
- `isinstance()` indica si el objeto que se pasa como primer parámetro, es de hecho una instancia de la clase pasada como segundo parámetro. Es importante recordar que una clase derivada se considera una instancia de su clase base.
- `issubclass()` determina si la clase dada como primer parámetro, es de hecho una subclase de la clase dada como segundo parámetro.

```
class Forma:
    pass

class Circulo(Forma):
    pass

c = Circulo()
f = Forma()

print(type(c))
>>> <class '__main__.Circulo'>

print(type(f))
>>> <class '__main__.Forma'>

print(isinstance(c, Circulo))
>>> True # c es una instancia de Circulo.

print(isinstance(c, Forma))
>>> True # c también es una instancia de Forma.

print(isinstance(f, Circulo))
>>> False # f no es una instancia de Circulo...

print(isinstance(f, Forma))
```

```
>>> True # ... pero es una instancia de Forma.

print(issubclass(Circulo, Forma))
>>> True # Circulo es una subclase de Forma.

print(issubclass(Circulo, Circulo))
>>> True # issubclass considera que una clase es subclase
         # de sí misma.
```

Estas funciones pueden resultar útiles, pero se deben utilizar con moderación. De hecho, un programa que sigue los principios de la programación de Python, no debería usarlas demasiado para realizar las operaciones del negocio, porque el desarrollador tiene a su disposición otras técnicas más robustas y elegantes, en particular el polimorfismo.

2.2 Polimorfismo

El polimorfismo es un término que designa los mecanismos usados para manipular objetos de diferentes tipos como objetos de un solo tipo. El polimorfismo permite abstraerse del tipo "verdadero" de los objetos y conformarse únicamente con el tipo del que todos heredan. El término "polimorfismo" se aplica a los métodos de una clase básica, que se vuelven a implementar en las clases derivadas. Hablamos entonces de "sobrecarga" de método. El polimorfismo, por tanto, está íntimamente ligado al concepto de herencia. El principal interés es poder manejar un conjunto heterogéneo de clases de una manera idéntica, sin necesidad de conocer su implementación real. En POO, es mejor saber lo meno posible para completar una tarea.

```
# La clase base.
class Forma:

    # El método polimófico, que será especializado
    # para cada clase derivada.
    def perimetro(self):
        # Mensaje de error.
        raise NotImplementedError("Imposible calcular
el perímetro de una forma genérica")
```

forma.py

```
from forma import Forma

# Una clase derivada.
class Cuadrado(Forma):

    def __init__(self, lado):
        self. lado = lado

    # Sobrecarga del método de base.
    def perimetro(self):
        return 4 * self.lado

# Otra clase derivada.
class Circulo(Forma):

    def __init__(self, radio):
        self.radio = radio

    # Una nueva sobrecarga del método de base.
    def perimetro(self):
        return 2 * 3.14 * self.radio

# Creación de una lista de formas concretas.
formas = [Circulo(3), Cuadrado(2), Cuadrado(5)]
```

formas_concretas.py

```
from formas_concretas import formas

# Recorrer la liste de formas, sin preocuparse
# de qué formas concretas son.
for forma in formas:
    print(forma.perimetro())
```

main.py

```
$> python main.py
18.84 # Perímetro de Circulo(3).
8     # Perímetro de Cuadrado(2).
20    # Perímetro de Cuadrado(5).
```

Una lista `formas` se completa con varias formas. El bucle que permite mostrar su perímetro no se preocupa por saber cuál es el tipo real de la forma actual: el método `perimetro()` se llama sobre un objeto que es de una clase derivada, pero que se considera solo como una `Forma` genérica. Así, la llamada al método se realiza correctamente sin tener que preocuparse ni del tipo real del objeto, ni de la implementación del método. Así, si una nueva forma `Estrella` hace su aparición en el código, no es necesario cambiar nada en el código del bucle: siempre que esta clase `Estrella` implemente el método `perimetro()`, el hecho de agregarlo en la lista de formas producirá el resultado deseado.

En la práctica, Python sesga un poco el principio del polimorfismo al prescindir de la noción de herencia para depender del duck typing. Como recordatorio, el principio del duck typing es el siguiente: no importa cuál sea el tipo real de un objeto, siempre que se comporte como se desea. En el contexto del polimorfismo, esto significa que cualquier clase puede venir a "sobrecargar" (incluso si el término ya no es adecuado aquí) un método de la clase básica y por lo tanto hacerse pasar por una clase derivada. En consecuencia, es muy posible para una clase hacerse pasar por otra, siempre que tome los métodos y atributos correctos:

```
# Clase que no hereda de la clase de base Forma.
class Chucrut:

    # Definición de un método con el mismo prototipo
    # que el sobrecargado en Forma.
    def perimetro(self):
        return "Ningún informe"

# Declaración de una lista de formas, que también contiene
# una instancia de esta nueva clase "incongruente".
formas = [Circulo(3), Cuadrado(2), Cuadrado(5), Chucrut()]

# Recorrido de la lista como si no hubiera pasado nada
for forma in formas:
    print(forma.perimetro())

>>> 18.84        # Perímetro de Circulo(3).
8                # Perímetro de Cuadrado(2).
20               # Perímetro de Cuadrado(5).
Ningún informe   # Perímetro de Chucrut()
```

2.3 Herencia múltiple

Python es uno de los lenguajes que permiten una herencia múltiple ilimitada. Para hacer esto, todo lo que tiene que hacer es enumerar las clases base de las que desea heredar:

```
# Una primera clase base.
class Druida:

     def __init__(self):
        self.magia = 4

# Una segunda clase base.
class Ladron:

    def __init__(self):
        self.habilidad = 7

# Una clase derivada doble.
class Heroes(Ladron, Druida):
    pass

h = Heroes()
print(isinstance(h, Ladron))
>>> True # h es una instancia de Ladron...

print(isinstance(h, Druida))
>>> True # ... y también una instancia de Druida.
```

La clase `Heroes` hereda de las clases `Ladron` y `Druida`. Veamos las características del personaje almacenadas en los atributos teóricamente recuperados por herencia:

```
print(h.magia)
>>> Traceback (most recent call last):
  File "a.py", line 36, in <module>
    print(h.magia)
AttributeError: 'Heroes' object has no attribute 'magia'
```

Extraño, el atributo `magia` se ha definido correctamente en el constructor de la clase `Druida`. Si intentamos mostrar la habilidad:

```
print(h.habilidad)
>>> 7
```

La habilidad ha sido bien definida, pero no la magia. Esto implica que el constructor de `Ladron` ha sido correctamente llamado, pero no el de `Druida`. La única línea de código que puede relacionarse con esta orden es la declaración de herencia múltiple, donde `Ladron` se colocó en primer lugar. De hecho, si `Druida` se indica en primer lugar y si intentamos mostrar la característica mágica del héroe, está bien definida:

```
class Heroes(Druida, Ladron):
    pass

h = Heroes()
print(h.magia)
>>> 4

print(h.habilidad)
>>> Traceback (most recent call last):
  File "a.py", line 35, in <module>
    print(h.habilidad)
AttributeError: 'Heroes' object has no attribute 'habilidad'
```

El orden de declaración de las clases básicas influye en el comportamiento de la clase derivada. Esto se debe a que `Heroes` hereda de los miembros de las clases madres, incluido su constructor. Así, durante la construcción de `Heroes`, el lenguaje debe llamar a un constructor antes que al otro. Esta elección está guiada por el orden en el que se especifica la herencia múltiple.

Sin embargo, esto no explica que el constructor de la clase colocada en segunda posición no se llame, lo que resulta en la inexistencia del atributo asociado. La respuesta tiene que ver con el algoritmo que utiliza Python para determinar, durante la llamada de un método o atributo, cuál de ellos seleccionar entre todos los que se podrían heredar. No debe olvidar que la herencia múltiple se limita a solo dos clases madres, y que estas, a su vez, pueden heredar o "multiheredar" de otras clases.

Este algoritmo, llamado MRO (*Method Resolution Order*: método de orden de resolución), recorre el conjunto de clases base de forma recursiva, hasta la clase `object` (que es, en Python, la clase de la que derivan todas las demás) y produce una lista resultante de este recorrido. Esta lista da el orden en el que Python va a mirar las clases base para resolver las llamadas de los miembros.

Esta lista es accesible a través del atributo de clase `__mro__`:

```
class Heroes(Druida, Ladron):
    pass

# __mro__ es un atributo de clase al que no se puede
# acceder a través de una instancia. Lo que es "lógico":
# el algoritmo MRO trabaja sobre los ancestros de una clase,
# no de una instancia.
print(Heroes.__mro__)
>>> (<class '__main__.Heroes'>, <class '__main__.Druida'>, <class
'__main__.Ladron'>, <class 'object'>)
```

De esta manera, cuando el constructor por defecto de `Heroes` llama al de su clase base, recorre esta lista hasta encontrar la primera clase con un método `__init__`, es decir, `Druida`. Pero según el principio del algoritmo MRO, no irá más lejos. Por este motivo no se llama al constructor de la clase `Ladron`. Es también por eso por lo que el orden de declaración de las clases básicas modifica el comportamiento de la clase `Heroes`: este orden determina el recorrido del árbol de los ancestros, y por tanto el de esta famosa lista.

La solución a este problema radica en esta lista de orden de resolución: el objeto `super()` la llama a ella para determinar la clase base. En el caso de herencia múltiple, `super()` no necesariamente se refiere a la clase base en sí misma, sino a la clase que sucede a la clase actual en la lista `__mro__`, que puede ser una clase "hermana".

Este es el caso en este ejemplo: la llamada al constructor de `Ladron` se debe hacer en la clase que la precede en el orden de la lista `__mro__`, es decir, en la clase `Druida`:

```
class Druida:

    def __init__(self):
        # Llamada al constructor de la clase siguiente
        # en la lista __mro__ (Ladron en este ejemplo).
        super().__init__()
        self.magia = 4

class Ladron:

    def __init__(self):
        # Llamada al constructor de la clase siguiente
        # en la lista __mro__ (object en este ejemplo).
        super().__init__()
        self.habilidad = 7

class Heroes(Druida, Ladron):
    pass

h = Heroes()
print(h.magia)
>>> 4

print(h.habilidad)
>>> 7
```

Usar `super()` para llamar al constructor de la clase "superior" (madre o hermana) en lugar de usar de manera explícita el nombre de la clase, tiene perfecto sentido aquí. De hecho, en los casos de herencia múltiple, la clase que sucede a otra en la lista `__mro__` difiere en función del orden en que se declaran las clases base. Así, la línea `Ladron.__init__()` en el constructor de `Druida` solo es correcta si `Druida` es efectivamente la primera clase base.

Esta gimnasia intelectual sobre MRO está en primer plano cuando se implementan los constructores de estas clases. El orden de creación de instancias es esencial para obtener un objeto correctamente inicializado, por lo que es natural tener esta lista de ancestros en mente al codificar el método `__init__`. Por otro lado, esto es menos obvio cuando se trata de métodos dentro de las clases, donde los problemas relacionados con la herencia son menos visibles, incluso sin relación alguna. Si las clases madres tienen métodos con nombres similares, puede ocurrir un comportamiento inesperado sin que se dé cuenta, sin ningún error aparente, sin que el código en sí sea defectuoso en el contexto.

En caso de que las clases `Druida` y `Ladron` tengan su propio sistema de cálculo de puntos de vida (pv), usando un número base multiplicado por cualquier coeficiente (basado en la constitución, el equipo, etc.), entonces su implementación podría ser la siguiente:

```
class Druida(object):
    def pv_base(self):
        return 5

    def pv(self):
        return self.pv_base() * 2 # Coeficiente para Druida

class Ladron(object):
    def pv_base(self):
        return 15

    def pv(self):
        return self.pv_base() * 3 # Coeficiente para Ladron
```

¿Qué pasaría si los puntos de vida finales del héroe de múltiples clases, fueran una media simple de los puntos de vida de las dos clases?

```
class Heroes(Druida, Ladron):
    def pv(self):
        return (Druida.pv(self) + Ladron.pv(self)) / 2
```

Entonces, en este caso, esperamos que el resultado sea naturalmente 27,5 (((5 * 2) + (15 * 3)) / 2 = (10 + 45) / 2 = 55 / 2 = 27,5).

```
heroes = Heroes()
print(heroes.pv())
>>> 12.5
```

El resultado es confuso. A menos que ya conozca la causa, es poco probable que una simple lectura del código proporcione una explicación. Las posibles pruebas unitarias escritas para verificar el comportamiento de las clases `Druida` y `Ladron`, habrían permanecido en verde (ciertamente), lo que indica que la implementación de estas clases no está en duda. Sin embargo, el cálculo del promedio de los dos números es correcto. El siguiente paso, más costoso en tiempo y esfuerzo, sigue siendo la inspección de los valores durante la ejecución del programa. Esta se puede hacer usando instrucciones `print` en el código o usando herramientas más sofisticadas. La visualización de los valores devueltos indicará que `Druida.pv(self)` es de hecho igual a 10 (5 * 2), pero `Ladron.pv(self)` devuelve un asombroso 15, en lugar de los 45 esperados. Un ejercicio interesante sería identificar el error, sabiendo que el MRO está involucrado aquí, antes de pasar al siguiente párrafo.

Cuando en el método `Ladron.pv()` llamamos al método `self.pv_base()`, Python busca la primera implementación disponible de este último, siguiendo el orden dado por el MRO de `self`, es decir la instancia de `Heroes`. La clase `Heroes` no implementa un método `pv_base()`, por lo que el intérprete buscará en el próximo ancestro, en este caso `Druida`, ya que `Druida` es la primera clase declarada en la lista de herencia. `Druida` implementa el método, por lo que es quien se llamará, aunque la ejecución tiene lugar en la clase `Ladron`. Al final, `Ladron.pv()` devolverá no 45 como podría sugerir una lectura de código, sino 15, cuyo promedio con 10 es 12.5.

En el capítulo Los conceptos de la POO, la herencia múltiple se presenta como una herramienta potente, pero complicada de manejar. Estos ejemplos ilustran por qué: los posibles conflictos entre los nombres de los miembros de las clases base imponen mecanismos internos al lenguaje que pueden ser delicados de entender, controlar y mantener.

2.4 Ejercicios

2.4.1 Herencia "simple"

Enunciado: definir una clase `Punto2D` que tenga dos atributos `x` e `y`. Implemente un método de `traslacion()` que reciba como parámetro las dos componentes horizontal y vertical de la traslación, y modifique las coordenadas del punto en cuestión. Una traslación (a, b) consiste en sumar a (respectivamente b), al componente x (respectivamente y) de un punto.

Comportamiento esperado:

```
a = Punto2D(1, 2)
print("A = {}".format(a))
>>> A = X: 1; Y: 2

a.traslacion(-1, -2)
print("A = {}".format(a))
>>> A = X: 0; Y: 0

b = Punto2D(-3, 0)
b.traslacion(5, -1)
print("B = {}".format(b))
>>> B = X: 2; Y: -1
```

Solución:

```
class Punto2D:

    def __init__(self, x, y):
         self.x = x
         self.y = y

    def traslacion(self, a, b):
         self.x += a
         self.y += b

    # Para tener una visualización "limpia" de un punto.
    def __str__(self):
         return "X: {}; Y: {}".format(self.x, self.y)
```

Enunciado: ahora añada la gestión de un punto en tres dimensiones, según los mismos principios que el punto 2D. Nota: esta adición se debe realizar sin acceder directamente a los componentes x e y del punto 3D.

Comportamiento esperado:

```
c = Punto3D(1,5,-3)
c.traslacion(0, -2, 1)
print("C = {}".format(c))
>>> C = X: 1; Y: 3; Z = -2
```

Solución:

```
# Un punto 3D es un punto 2D con una coordenada adicional a:
# el eje z. Por lo tanto, heredamos de Punto2D para especializarlo.
class Punto3D(Punto2D):

    def __init__(self, x, y, z):
        # Inicialización de las coordenadas x e y del punto, usando
        # el constructor de Punto2D: aquí no hay acceso directo.
        super().__init__(x, y)
        # Inicialización de la coordenada z.
        self.z = z

    # Una traslacion en 3D sigue el mismo principio
    # que una traslación en 2D.
    def traslacion(self, x, y, z):
        # Por tanto, se reutiliza el método de Punto2D :
        # sin acceso directo aquí tampoco.
        super().traslation(x, y)
        # Y añadimos el tratamiento específico.
        # a los puntos 3D.
        self.z += z

    def __str__(self):
        _2d = super().__str__()
        return "{}; Z = {}".format(_2d, self.z)
```

Hay una pequeña "trampa" en este ejercicio. Es posible modelar la relación entre Punto2D y Punto3D de dos formas diferentes: podemos considerar un Punto3D como un Punto2D, al que le añadimos la consideración de una dimensión suplementaria. Esto es lo que se propone como solución al ejercicio.

También podemos considerar un Punto2D como un caso especial de Punto3D, donde el componente z siempre sería nulo. En consecuencia, la especialización de Punto3D en Punto2D consistiría únicamente en asignar cero a self.z. El método traslacion() aún funcionaría.

Sin embargo, en la práctica, el código que produce no sería el más óptimo. De hecho, esto significaría que el espacio de memoria necesario para almacenar el campo z sería absolutamente inútil en el caso de Punto2D. Además, el método traslacion() siempre recibiría tres argumentos. Sin embargo, si razonamos en dos dimensiones, este tercer argumento se vuelve inútil, incluso peligroso: si razonamos en 2D, ¿qué impide que el usuario use None como tercer argumento, provocando una excepción cuando el programa intentara sumar None a un entero?

La filosofía "quién puede lo más, puede lo menos" no es aplicable en POO, donde más bien queremos "dividir para reinar mejor": cada clase debe contener solo el mínimo estricto para funcionar, y no cargar con otros miembros "por si acaso".

2.4.2 Puzzle

Enunciado: ¿qué muestra este programa en la salida estándar?

```
class Base:

    def __init__(self):
        self.a = "a"
        self.b = "b"
        self.c = "c"

    def A(self):
        print(self.a)

    def B(self):
        print(self.b)
```

```
    def C(self):
        print(self.c)

class Derivada(Base):

    def __init__(self):
        self.a = "aa"
        super().__init__()
        self.c = "cc"

    def A(self):
        print(self.a)

    def B(self):
        self.b = "bb"
        super().B()
        print(self.b)

base = Base()
derivada = Derivada()

base.A()
derivada.A()
print()
base.B()
derivada.B()
base.C()
derivada.C()
derivada = base
derivada.C()
```

Solución:

```
# Llamada al método Base.A() que muestra el atributo Base.a,
# inicializado a "a" en el constructor.
base.A()
>>> a

# Llamada al método Derivada.A() que muestra el atributo
# Derivada.a que se inicializó a "aa" en el constructor
# de Derivada. Pero este constructor llama al de la clase madre
# *después* de esta inicialización a "aa". Sin embargo, este asigna
# "aa" al atributo a. Este valor sobrescribe al anterior.
derivada.A()
>>> a
```

```
# Llamada del método Base.B() que muestra el atributo Base.b,
# inicializado a "b" en el constructor.
base.B()
>>> b

# El método Derivada.B() asigna el valor "bb"
# al atributo b. Entonces llama al método con el mismo nombre
# de la clase madre, que muestra el atributo b.
# Como se cambió a "bb" justo antes,
# este valor presente en la instancia de Derivada,
# es lo que se muestra.
# Finalmente, el método muestra el atributo b nuevamente.
derivada.B()
>>> bb
bb

# Llamada del método Base.C() que muestra el atributo Base.c,
# inicializado a "c" en el constructor.
base.C()
>>> c

# La clase Derivada no tiene método C(),
# por tanto se llama al de la clase Base.
# El atributo c de la instancia de Derivada se inicializa primero
# a "c" en la clase base, pero este valor se sobrescribe,
# en el constructor de la clase derivada, por "cc".
derivada.C()
>>> cc

derivada = base
# a partir de ahora derivada referencia a la variable base.
# Esta llamada es idéntica a base.C().
derivada.C()
>>> c
```

2.4.3 Herencia múltiple - Diamante y argumentos de constructor

Enunciado: en el caso del temido diamante de la herencia múltiple (ver capítulo Los conceptos de la POO, subsección Herencia múltiple), donde una clase D hereda de dos clases B y C, ambas heredando de una sola clase A, escriba el código que permita, durante la instanciación, inicializar los atributos a, b y c, pertenecientes respectivamente a las clases A, B y C.

Comportamiento esperado:

```
d = D(1, 2, 3)
print(isinstance(d, A), isinstance(d, B), isinstance(d, C))
>>> True True True
print(d.a, d.b, d.c)
>>> 1 2 3
```

Solución:

Una primera posibilidad es llamar de manera explícita a los constructores de las clases madres:

```
class A:
   def __init__(self, a):
       self.a = a

class B(A):
   def __init__(self, a, b):
       A.__init__(self, a)
       self.b = b

class C(A):
   def __init__(self, a, c):
       A.__init__(self, a)
       self.c = c

class D(B, C):
   def __init__(self, a, b, c):
       B.__init__(self, a, b)
       C.__init__(self, a, c)
```

Un primer inconveniente es que una llamada explícita congela la implementación y, por lo tanto, hace que la clase sea menos flexible a los cambios. Si se modifica la jerarquía de estas clases, será necesario corregir todos los constructores que se basan en estas llamadas explícitas.

Un segundo problema es que el constructor de A se llama dos veces: una vez en la instanciación de B, y de nuevo durante la instanciación de C. En el caso en que el constructor de A requiera acceso a un archivo o realice un cálculo engorroso, esta doble llamada puede ser desastrosa para el rendimiento de la aplicación. Sin embargo, es posible agregar un atributo privado que serviría como marcador, para dejar el constructor de A inmediatamente si ya ha sido llamado. No es una solución muy elegante, pero podría ser aceptable.

Otra solución para este ejercicio es llamar a los parámetros con nombre. En Python, es posible nombrar los parámetros que usamos durante la llamada a un método. Esto hace que el código sea más legible si hay una gran cantidad de parámetros o si los parámetros son del mismo tipo simple (`visualización (negro_y_blanco = True, vertical = False)` es más claro que `visualización (True, False)`). Otra funcionalidad del lenguaje es, durante la declaración de un método, poder dar un nombre a los parámetros "finales", es decir aquellos con los que el método se llama pero que no están declarados en su prototipo. Por ejemplo:

```
def test(primero, segundo, **kwargs):
   print("Primero: {}; Segundo: {}; El resto: {}".format(primero,
segundo, kwargs))
test(1, 2, a=2, b=3, c=4)
>>> Primero: 1; Segundo: 2; El resto: {'a': 2, 'b': 3, 'c': 4}
```

El nombre `kwargs` significa KeyWord ARGumentS (traducible por "argumentos con nombre"), y el operador de doble estrella `**` permite especificar, en la declaración de la función, que este argumento es de hecho el resto de la lista de parámetros.

Gracias a estas dos características ofrecidas por Python, los parámetros con nombre y el uso de `** kwargs`, es posible enumerar todos los argumentos necesarios para instanciar clases hijas y clases madres, usar solo aquellas que son relevantes para el constructor actual y pasar el resto al próximo antepasado en la lista MRO:

```
class A:
   def __init__(self, a_param):
# A es la clase "base" y no tiene antepasado para pasar
       # argumentos, por lo que no hay necesidad de **kwargs.
       self.a = a_param

class B(A):
   def __init__(self, b_param, **kwargs):
# Aquí, solo se usa el parámetro 'b_param',
       # y el resto se pasa al constructor de la clase
       # devuelta por 'super ()'.
       super().__init__(**kwargs)
       self.b = b_param

class C(A):
   def __init__(self, c_param, **kwargs):
       # Aquí, solo se usa el parámetro 'c_param',
       # y el resto se pasa al constructor de la clase
       # devuelta por 'super ()'.
       super().__init__(**kwargs)
       self.c = c_param

class D(B, C):
   def __init__(self, a, b, c):
       # Los argumentos se nombran para poder usarlos de manera explícita
       # en los constructores de las clases madre.
       super().__init__(a_param = a, b_param = b, c_param = c)
```

Esta solución, a pesar de la aparición de este parámetro `**kwargs`, puede parecer más elegante porque no implica una llamada explícita a las clases madres y, por tanto, es más robusta frente a los posibles cambios en la jerarquía de clases. Además, el constructor de `A` se llama solo una vez aquí.

2.4.4 Herencia múltiple - Caso "real"

Enunciado: Implementar un programa que calcule la superficie total acristalada de una casa, sabiendo que una casa está formada por paredes y que cada pared tiene una orientación (Norte, Oeste, Sur, Este) y posiblemente ventanas. Una ventana tiene una superficie que se da como parámetro durante su construcción.

Comportamiento esperado:

```
# Instanciación de las paredes
pared_norte = Pared("NORTE")
pared_oeste = Pared("OESTE")
pared_sur = Pared("SUR")
pared_este = Pared("ESTE")
# Instanciación de las ventanas
ventana_norte = Ventana(pared_norte, 0.5)
ventana_oeste = Ventana(pared_oeste, 1)
ventana_sur = Ventana(pared_sur, 2)
ventana_este = Ventana(pared_este, 1)
# Instanciación de la casa con las 4 paredes
casa = Casa([pared_norte, pared_oeste, pared_sur, pared_este])
print(casa.superficie_acristalada())
>>> 4.5 # 0.5 + 1 + 2 + 1
```

Solución:

```
class Pared:
   def __init__(self, orientacion):
       self.orientacion = orientacion
       # Una pared no tiene ninguna una ventana por defecto
       self.ventanas = []

class Ventana:
   def __init__(self, pared, superficie):
       self.pared= pared
       self.superficie = superficie
       # Se "añade" la ventana a la pared dada como argumento
       self.pared.ventanas.append(self)

class Casa:
   def __init__(self, paredes):
       self.paredes= paredes
```

```
    def superficie_acristalada(self):
        superficie = 0
        for pared in self.paredes:
            for ventana in pared.ventanas:
                superficie += ventana.superficie
        return superficie
```

Enunciado: los edificios modernos tienen a menudo fachadas llamadas "paredes cortina" que actúan como paredes exteriores al mismo tiempo que son una superficie acristalada transparente. Su código debe poder gestionar este nuevo concepto, sabiendo que una pared cortina se define por su orientación y su superficie.

Comportamiento esperado:

```
casa.paredes[2] = ParedCortina("SUR", 10)
print(casa.superficie_acristalada())
>>> 12.5
```

Solución:

```
class ParedCortina(Pared, Ventana):
   def __init__(self, orientacion, superficie):
       # Llamada al constructor de pared para tener una instancia
       # sobre la que "añadir" el componente "ventana"
       Pared.__init__(self, orientacion)
       # Llamada al constructor de Ventana, con 'self' como primer
       # argumento 'pared' (porque una ParedCortina es una Pared).
       Ventana.__init__(self, self, superficie)
```

Observación

El orden de declaración de las clases madre no importa aquí, porque sus constructores se llaman de manera explícita. Es decir, el resultado hubiera sido el mismo si hubiéramos declarado una pared cortina de esta manera: `class ParedCortina (Ventana, Pared)`. Si hubiéramos querido usar el método `super()`, entonces este orden habría sido realmente importante.

Aunque funcional, este ejemplo de herencia múltiple nos impone una restricción teñida de escepticismo: el uso de `self` como parámetro "pared" del constructor de `Ventana`. Esto significa que una pared cortina es una ventana adjunta a sí misma. Aunque funciona en código, uno puede imaginar que explicar un concepto como este a un arquitecto de edificios podría no ser fácil.

Enunciado: se publica una nueva regulación térmica del edificio e impone protecciones externas en las ventanas, con el fin de aumentar el aislamiento de las casas residenciales. Su código ahora debe detenerse si alguna vez se crea una instancia de una ventana sin protección externa (para eso, use el comando `raise Exception("mensaje")`; este mecanismo se explicará en la sección dedicada a las excepciones). En el contexto de este ejercicio, la protección se limitará a una cadena de caracteres ("Persiana", "Estor", etc.).

Comportamiento esperado:

```
ventana_norte = Ventana(pared_norte, 0.5)
>>> TypeError: __init__() missing 1 required positional argument:
'proteccion'
ventana_norte = Ventana(pared_norte, 0.5, None)
>>> Exception: Protección obligatoria
ventana_norte = Ventana(pared_norte, 0.5, "Persiana")
[...]
print(casa.superficie_acristalada())
>>> 4.5
```

Solución:

```
class Ventana:
   def __init__(self, pared, superficie, proteccion):
       self.pared= pared
       self.superficie = superficie
       # Se "añade" la ventana a la pared dada como argumento
       self.pared.ventanas.append(self)
       if proteccion is None:
           # Interrupción del programa
           # porque esta situación es incoherente
           raise Exception("Protección obligatoria")
       self.protection = protection
```

Es posible que haya notado que esta nueva funcionalidad inutiliza la implementación anterior de `ParedCortina`. Efectivamente, el constructor de `Ventana` ahora requiere un parámetro adicional para asignar una protección externa, es imposible llamarlo desde el constructor de `ParedCortina`, ya que este último no proporciona esta información. La dependencia introducida por la herencia de `Ventana` tiene un impacto en la clase derivada. Este acoplamiento enlaza entre ellos dos conceptos que, sin embargo, son relativamente cercanos: el de "superficie acristalada", pero intrínsecamente diferentes porque una pared cortina se debe ajustar a un conjunto de restricciones, diferentes a las de una ventana "clásica". Estas restricciones se pueden superponer, pero no son iguales. En el caso de que los comportamientos de la clase madre sean incompatibles con los de la clase hija, entonces la herencia puede no ser la herramienta adecuada para resolver este problema.

3. Agregación y composición

3.1 Agregación

La agregación es una relación contenido-contenedor denominada "débil", en el sentido de que el contenido sobrevive a la destrucción de su contenedor. Para usar el diagrama UML del capítulo Los conceptos de la POO, un automóvil tiene de cero a cinco ruedas (no olvidemos la rueda de repuesto) y una rueda está asociada con cero o un automóvil.

Una versión simple de esta relación podría implementarse como:

```
class Automovil:

    def __init__(self):
        # Declaración de una lista que puede
        # contener las ruedas del automóvil.
        self.ruedas = []

class Rueda:

    def __init__(self):
        # Declaración de un atributo que contiene una referencia
```

```
        # al automóvil con el que está relacionada la rueda.
        self.automovil = None

# Creación de una lista con cuatro instancias de Rueda.
ruedas = [Rueda() for i in range(4)]
# Creación de una instancia de Automovil.
automovil = Automovil()
# Asignación de la lista de ruedas al Automovil.
automovil.ruedas=ruedas
# Para cada rueda de la lista...
for rueda in ruedas:
    # ... se le asocia el automóvil.
    rueda.automovil = automovil

print("Instancia de automóvil : {}".format(automovil))
>>> Instancia de automóvil : <__main__.Automovil object at 0x105829ac8>

print("Las 4 ruedas del automóvil {} son {}".format(automovil,
automovil.ruedas))
>>> Las 4 ruedas del automóvil <__main__.Automovil object at
0x105829ac8> son [<__main__.Rueda object at 0x1058299e8>,
<__main__.Rueda object at 0x105829a20>, <__main__.Rueda object at
0x105829a58>, <__main__.Rueda object at 0x105829a90>]


print("El automóvil de la rueda {} es {}".format(ruedas[0],
ruedas[0].automovil))
>>> El automóvil de la rueda <__main__.Rueda object at 0x1058299e8>
es <__main__.Automovil object at 0x105829ac8>
```

Al comparar las direcciones de las instancias del automóvil y las ruedas, vemos que el enlace está operativo: la instancia de `Automovil` contiene cuatro instancias de `Rueda`, y cada una de estas `Rueda` tiene un enlace al `Automovil` que la posee. En detalle:

- Para que `Automovil` tenga instancias de `Rueda`, se ha creado una lista `ruedas` como atributo de instancia. Cuando se construye el `Automovil`, esta lista está vacía, pero se puede completar más adelante en el programa. Esta lista puede contener cero elementos o infinitos (teóricamente) elementos. No se limita a cinco ruedas.
- Cada instancia de `Rueda` tiene un atributo `automovil` que se inicializa a `None` durante la construcción. Así, una rueda comienza su vida sin estar asociada a ningún automóvil, pero se le puede asignar uno y solo uno (ya que no se trata de un contenedor).

Python no ofrece un método para limitar el tamaño de una lista, por lo que debe escribirlo usted mismo. Son posibles varias estrategias, la más sencilla es simplemente rechazar la adición de un nuevo elemento si la lista ya contiene cinco. También aprovecharemos este método para actualizar el atributo `automovil` de cada rueda agregada:

```
class Automovil:

    def __init__(self):
        self.ruedas = []

    def agregarRueda(self, rueda):
        # Si la lista contiene menos de cinco elementos...
        if len(self.ruedas) < 5:
            # ... añadimos la rueda dada como argumento.
            self.ruedas.append(rueda)
            # Aprovechamos para actualizar la relación
            # entre la rueda y el automóvil.
            rueda.automovil = self
        else:
            print("El automóvil tiene ya 5 ruedas.")
```

La adición de una rueda ahora se debe hacer obligatoriamente usando este método, bajo pena de ver inconsistencias en los datos: si se ha agregado una rueda accediendo directamente al atributo `ruedas` de la instancia `automovil`, entonces no se puede hacer ningún control sobre el número de ruedas, y la rueda en cuestión mantendrá su atributo `automovil` a `None` (a menos que modifique el atributo `automovil` manualmente, pero esto sería código redundante ya que todo está hecho en el método `agregarRueda()`).

3.2 Composición

Una composición no es más que una agregación donde el contenido no sobrevive a su contenedor. En el ejemplo anterior, las ruedas se instancian independientemente del automóvil. Entonces, si se elimina el automóvil, las ruedas mantendrán su ubicación en la memoria:

```
print(automovil.ruedas)
>>> [<__main__.Rueda object at 0x1058299e8>, <__main__.Rueda object
at 0x105829a20>, <__main__.Rueda object at 0x105829a58>,
<__main__.Rueda object at 0x105829a90>]
```

```
del automovil
print(ruedas)
>>> [<__main__.Rueda object at 0x1058299e8>, <__main__.Rueda object
at 0x105829a20>, <__main__.Rueda object at 0x105829a58>,
<__main__.Rueda object at 0x105829a90>]
```

Para vincular la destrucción de un atributo a la de la instancia que lo contiene, basta con instanciar este atributo en el constructor del contenedor porque el destructor de una clase llama automáticamente a los destructores de sus atributos. A continuación se muestra un ejemplo con algunos mensajes mostrados en los destructores, con el objetivo de seguir la ejecución:

```
class Casa:

    def __del__(self):
        print("Destrucción Casa")

    def __init__(self):
        # Declaración de una lista de instancias de Habitacion
        # con nombres diferentes.
        self.habitaciones = [Habitacion(name) for name in ["Cocina",
"Dormitorio", "Salón"]]

class Habitacion:

    def __del__(self):
        print("Destrucción {}".format(self.name))

    def __init__(self, name):
        self.name = name

casa = Casa()
del casa
>>> Destrucción Casa
Destrucción Salón
Destrucción Dormitorio
Destrucción Cocina
```

Como recordatorio, el recolector de basura es un mecanismo del lenguaje que monitoriza las áreas de memoria y las libera cuando ya no se hace ninguna referencia a ellas, ya sea por una variable, un método, una clase, etc. Esto permite evitar situaciones en las que se borra una instancia mientras que una variable que hace referencia a ella se sigue usando en algún lugar del programa. El hecho de que esta variable haga referencia a la instancia, evitará que el recolector de basura libere el área de memoria que ocupa:

```
# Variable que referencia a una instancia de Casa.
casa = Casa()
# Variable que referencia a la instancia de la primera habitación
# de la casa (en este caso, la cocina).
cocina = casa.habitaciones[0]

print(casa.habitaciones[0])
>>> <__main__.Habitacion object at 0x10fc1bb38>

del casa
>>> Destrucción casa
Destrucción Salón
Destrucción Dormitorio

print(cocina)
>>> <__main__.Habitacion object at 0x10fc1bb38>

# Fin del programa.
>>> Destrucción Cocina
```

Podemos comprobar que `cocina` y `casa.habitaciones[0]`, se corresponden con la misma área de memoria donde se almacena la instancia de `Habitacion`. Durante la destrucción de la casa, podemos ver que todas sus habitaciones se destruyen excepto la cocina, porque la variable `cocina` hace referencia a ella. Por lo tanto, siempre es posible acceder a ella, incluso si ya no hay casa. La instancia de la cocina solo se elimina al final del programa, como lo demuestra el último mensaje que se muestra en la salida estándar.

3.3 Ejercicios

3.3.1 El día siguiente

Enunciado: modelar lo siguiente. Una empresa es propietaria de varios edificios y emplea a varios empleados. Un edificio está necesariamente ubicado en una ciudad y una ciudad está formada por varios edificios. Empresa, empleado, ciudad y edificio tienen cada uno un nombre. Estas ciudades incluyen New York, donde se encuentran los edificios A y B, y Los Ángeles, donde está el edificio C. Estos tres edificios son propiedad de YooHoo! que emplea a los Sres. Martin, Salim y la Sra. Xing.

Una vez definidas estas entidades, imagine que su programa es una película estadounidense de catástrofes, en la que se destruye New York. Implemente este evento para que todas las entidades del juego tengan en cuenta las consecuencias de este cataclismo.

Solución: este código es solo una posible implementación del problema. Depende de usted verificar en su código que los edificios y las ciudades estén realmente destruidos. Si es así, su solución es correcta.

```
class Ciudad:
    def __init__(self, nombre):
        self.nombre  = nombre
        self.edificios = []

    def __del__(self):
        print("Destrucción de {}".format(self.nombre))

class Edificio:
    def __init__(self, nombre):
        self.nombre  = nombre

    def __del__(self):
        print("Destrucción de {}".format(self.nombre))

class Empresa:
    def __init__(self, nombre):
        self.nombre  = nombre
        self.edificios = []
        self.empleados = []

    def __del__(self):
        print("Declaración de bancarrota de {}".format(self.nombre))
```

```
    def contrata(self, empleado):
        self.empleados.append(empleado)

    def numeroDeEdificios(self):
        print("{} tiene {} edificio(s)".format(self.nombre,
len(self.edificios)))

class Empleado:
    def __init__(self, nombre):
        self.nombre  = nombre

    def __del__(self):
        print("Fallecimiento de {}".format(self.nombre))

# Instanciación de la ciudad de New York.
ny = Ciudad("New York")
# Asignación de una lista de nuevas instancias de Edificio
# a la ciudad.
ny.edificios = [Edificio("A"), Edificio("B")]
# Idem para Los Ángeles.
lax = Ciudad("Los Ángeles")
lax.edificios = [Edificio("C")]

# Instanciación de la empresa.
empresa = Empresa("YooHoo!")
# Asignación de una lista de instancias de Edificio ya existentes
# en la empresa.
empresa.edificios = [ny.edificios[0], ny.edificios[1],
lax.edificios[0]]

# Instanciación de nuevos empleados.
martin = Empleado("Martin")
salim = Empleado("Salim")
xing = Empleado("Xing")
[empresa.contrata(empleado) for empleado in [martin, salim, xing]]

# Si destruimos la instancia Ciudad, los edificios A y B
# no se destruyen porque se hace referencia a ellos en la lista
# empresa.edificios. Por tanto, se deben eliminar de esta lista
# para que los edificios queden bien destruidos con la ciudad.
# Esta función realiza esta tarea.
def destruirEdificiosEmpresa(ciudad):
    # Para todos los edificios de la ciudad destruida...
    for edificio in ciudad.edificios:
        # ...si el edificio forma parte de los edificios
        # de la empresa...
        if edificio in empresa.edificios:
```

```
            # ...se retira este edificio del patrimonio de la empresa.
            empresa.edificios.remove(edificio)

empresa.nombrebreDeEdificios()
>>> YooHoo! Tiene tres edificio(s)

destruirEdificiosEmpresa(ny)
empresa.numeroDeEdificios()
>>> YooHoo! tiene 1 edificio(s)

# Eliminación de la única referencia a la instancia de New York
del ny

>>> Destrucción de New York
Destrucción de B
Destrucción de A

# Eliminación de la única referencia a la instancia de la empresa.
del empresa
>>> Declaración de bancarrota de YooHoo!

# Fin del programa. El recolector de basura elimina las últimas
# instancias en el orden que le conviene.
>>> Destrucción de Los Ángeles
Fallecimiento de Martin
Fallecimiento de Salim
Fallecimiento de Xing
Destrucción de C
```

3.3.2 ¿Inmortal?

Enunciado: Teniendo en cuenta el siguiente código, explique por qué el mensaje `Yang` destruido, se muestra <u>después</u> del signo de interrogación. ¿Qué hay que hacer para que aparezca <u>antes</u>?

```
class Yin: pass
class Yang:
    def __del__(self):
        print("Yang destruido")

yin = Yin()
yang = Yang()
yin.yang = yang

print(yang)
>>> <__main__.Yang object at 0x1011da828>
```

```
print(yang is yin.yang)
>>> True
del(yang)
print("?")
>>> ?
Yang destruido
```

Solución: la variable `yang` y el atributo `Yin.yang` hacn referencia a la misma zona de memoria. Por lo tanto, para evitar que `Yin.yang` apunte a una zona de memoria liberada, la instrucción `del()` solo hace que la variable `yang` no esté definida, pero sin destruir la instancia a la que hace referencia. Para que el recolector de basura de Python realmente destruya esta instancia, `Yin.yang` ya no debe apuntar a ella. Por tanto, es necesario asignarle cualquier otro valor:

```
del(yang)
yin.yang = None
>>> Yang destruido
print("?")
>>> ?
```

3.3.3 Alternativa a la herencia múltiple

En el último ejercicio de la sección sobre la herencia, se mostraron los límites de la herencia múltiple: acoplamientos de clases cuyo vínculo no es tan obvio, atajos tomados en el código que tienen mucho riesgo de error. Este ejercicio utiliza otro enfoque del problema: la asociación (ya sea composición o agregación).

Enunciado: comenzando con el mismo código que el ejercicio sobre herencia múltiple, cree una clase que agrupe el comportamiento común entre las clases `Ventana` y `ParedCortina`.

Solución:

Si observamos la segunda línea del constructor de `ParedCortina`: `Ventana.__init__ (self, self, superficie, None)`, la única información real aquí es la superficie dada. Esto se confirma cuando leemos el constructor de `Ventana`: no hay necesidad de un atributo `pared` porque una pared cortina es una pared, no hay protección porque ese era precisamente el centro del problema. Por tanto, es conveniente crear una clase cuyo único miembro será el atributo de superficie. Así que llamémoslo `Cristal` (aunque en este ejercicio su único atributo es `superficie`, podríamos imaginar otras propiedades de las superficies acristaladas comunes a las ventanas y paredes cortina, como la relación de transparencia, las capas de vidrio que las componen, etc.):

```
class Cristal:
   def __init__(self, superficie):
       self.__superficie = superficie

   def superficie(self):
       return self.__superficie
```

Observación

Un getter `superficie()` que devuelve el valor de un atributo `superficie` puede parecer exagerado, pero mejora la calidad del código de dos maneras. En primer lugar, tener getters le permite escribir código más rápidamente, así el desarrollador no tendrá que preguntarse si debe llamarla `x.superficie` el atributo o `x.superficie()` el método. En segundo lugar, si queremos eliminar `superficie` en lugar de `anchura` y `longitud`, modificar el getter `superficie()`, permitirá al resto del código seguir funcionando correctamente, al contrario que las llamadas directa al atributo, que provocarán un error. Con el fin de reducir el riesgo de que los usuarios de la clase cometan un error, el atributo `superficie` se ha hecho privado gracias al uso del doble guion bajo (__).

Enunciado: modifique las clases `Ventana` y `ParedCortina` para que usen esta nueva clase-interfaz `Cristal`.

Solución:

```
class Ventana:
   def __init__(self, pared, superficie, proteccion):
       # 'Ventana' delega la gestión de la superficie acristalada
```

```
        # a 'Cristal', que es privada
        self.__cristal = Cristal(superficie)
        # El resto no cambia

# Una ParedCortina sigue siendo una Pared
class ParedCortina(Pared):
    def __init__(self, orientacion, superficie):
        Pared.__init__(self, orientacion)
        # No más uso polémico de 'self'
        # como su propia pared.
        self.__cristal = Cristal(superficie)
```

Enunciado: modifique el código para que el programa funcione de nuevo.

Solución: los getters fueron deliberadamente omitidos en la corrección de la sección de la herencia, para demostrar su importancia cuando el código evoluciona. El primer error al intentar ejecutar el código es que la clase `Ventana` ya no tiene un atributo `superficie`. Efectivamente, esta característica se ha delegado a la clase `Cristal`, por lo que es necesario crear un getter que se encargará de llamar al método correspondiente:

```
class Ventana:
    def superficie(self):
        return self.__cristal.superficie()
```

Es importante reconocer que el getter devuelve la superficie, no el cristal. `Cristal` aquí es solo un detalle de implementación que permite factorizar el código entre las diferentes clases que requieren propiedades de superficie acristalada. En ningún caso `Cristal` se debe exponer al mundo exterior, porque no es un concepto de negocio (en este ejemplo siempre). Es suficiente con reemplazar todas las llamadas al atributo `superficie` de la ventana por una llamada al getter correspondiente:

```
class Casa:
    def superficie_acristalada(self):
        superficie = 0
        for pared in self.paredes:
            for ventana in pared.ventanas:
               superficie += ventana.superficie() # Llamada al método,
nunca más al atributo
        return superficie
```

Observación

Afortunadamente, solo hay una aparición de `ventana.superficie` en este código. Si hubiera habido más de una, entonces todas deberían haber sido reemplazadas por `ventana.superficie()`. El uso de un getter en la primera itéración habría generado menos cambios y, por tanto, habría hecho ganar tiempo.

En este punto, el programa funciona pero devuelve 2,5 en lugar de 12,5. Las ventanas clásicas se han tenido en cuenta en el cálculo, pero no la paredcortina. Simplemente porque la paredcortina ya no tiene ventana y, por lo tanto, no encajará en el segundo bucle `for`, el que itera sobre las ventanas. Este error plantea otro problema de encapsulación: `Casa` no debería estar al tanto de las ventanas. Todo lo que tiene una instancia de `Casa`, son sus `Paredes`. Para romper esta dependencia entre `Casa` y `Ventana` que establece este segundo bucle `for`, es necesario delegar la responsabilidad de calcular la superficie acristalada de una pared en el que mejor la conoce, es decir, en la `Pared` en sí misma:

```
class Casa:
   def __init__(self, paredes):
       self.__paredes= paredes

   def paredes(self):
       return self.__paredes

   def superficie_acristalada(self):
       superficie = 0
       for pared in self.paredes():
           superficie += pared.superficie_acristalada()
       return superficie
```

Observación

El uso de un getter `paredes()`, requiere cambiar la línea `casa.paredes [2] = ParedCortina ("SUR", 10)` por una reconstrucción de la casa: `casa = Casa ([pared_norte, pared_oeste, pared_cortina, pared_este])`. Esto se podría evitar mediante la implementación de un método que permita reemplazar la pared de una determinada orientación por otra, pero esto va más allá del alcance del ejercicio.

Ahora debemos crear el método `Pared.superficie_acristalada()`:

```
class Pared:
    def __init__(self, orientacion):
        self.orientacion = orientacion
        self.__ventanas = []

    def ventanas(self):
        return self.__ventanas

    def superficie_acristalada(self):
        superficie = 0
        for ventana in self.ventanas():
            superficie += ventana.superficie()
        return superficie
```

Observación

Para mostrar cómo se ve un código robusto y encapsulado, aquí se han agregado getters y atributos privados.

El resultado sigue siendo 2,5 porque el problema se ha movido, pero sigue ahí: la implementación de `superficie_acristalada()` es válida para una `Pared`, pero no para una `ParedCortina` que no tiene ventana. Aquí es donde la herencia de `Pared` mediante `ParedCortina` adquiere más significado: la superficie acristalada de una paredcortina es una versión *especializada* de la de una pared. Por tanto, debemos sobrecargar el método `superficie_acristalada()` para que corresponda con el contexto de una paredcortina:

```
class ParedCortina(Pared, Ventana):
    def __init__(self, orientacion, superficie):
        Mur.__init__(self, orientacion)
        self.__cristal = Cristal(superficie)

    def superficie_acristalada(self):
        return self.__cristal.superficie()
```

Observación

Podríamos llevar la encapsulación tan lejos como para definir un descriptor de acceso privado para `__cristal`, pero esto se ha omitido para mayor claridad. Dicho esto, los getters privados pueden ser bastante útiles en clases un poco largas, complicadas o sujetas a muchos cambios.

El programa ahora devuelve 12,5 como se esperaba. La asociación no solo ha permitido eliminar algunos atajos de código no muy elegantes, sino que sacó a la luz un acoplamiento innecesario entre `Casa` y `Ventana`, y forzó una encapsulación saludable de ciertos atributos.

4. Excepción

4.1 Desencadenamiento

Incluso si el sistema de excepción no es estrictamente hablando un componente de la programación orientada a objetos, todavía está presente en los lenguajes orientados a objetos, especialmente en Python.

Hay varias formas de gestionar los errores en un programa (abrir un archivo inexistente, dividir por cero, acceder a un miembro desconocido, etc.). Una función puede devolver un determinado número entero (-1 por ejemplo) para indicar un error.

Una desventaja es que, si ya se supone que la función devuelve un valor lógico, devolver este valor "técnico" de error alteraría la semántica de la función. Por ejemplo, uno esperaría intuitivamente que una función `division()` devolviera un valor en coma flotante, no un booleano.

Además, si alguna vez la función llamadora no sabe qué hacer con este valor, está obligada a propagarlo ella misma a quien la llamó, y así sucesivamente hasta que se utilice el código de error para solucionar el problema, o al menos informarlo (a través de un mensaje al usuario o una entrada en un diario de registro):

```
import sys

def division(a, b):
    if b == 0:
        return False
    return a / b

def test(a, b):
    resultado = division(a, b)
```

```
    if resultado == False:
        return False
    return resultado + 42

resultado = test(55, int(sys.stdin.readline()))
if not resultado:
    print("Error: división por cero")
else:
    print("El resultado es {}".format(resultado))
```

En este ejemplo, se le pide al usuario que introduzca un número que se someterá a operaciones aritméticas. La función `division()` devuelve `False` si el divisor es 0. Dado que `test()` suma 42 al resultado de la división, es necesario probarlo para evitar agregar `False` y 42, lo que causaría un error. Por lo tanto, probamos el valor que devuelve `division()`. Pero `test()` no tiene forma de tratar este problema: su función es solo sumar 42 al resultado de la división. Entonces, la función no tiene más remedio que transmitir el hecho de que la llamada a `division()` salió mal al devolver `False` a su vez. Finalmente, es en el entorno global donde se procesa el error: si la llamada a `test()` devuelve `False`, entonces un mensaje indica que se ha producido una división por cero. De lo contrario, se muestra el resultado.

Observación

Algunos dirían que bastaría con verificar el número entero que introdujo el usuario y de impedir el valor cero. Si el ejemplo anterior se mantiene sencillo, en un caso más complicado sería muy difícil mantener el filtrado de todas las entradas. Algunos casos de no validez son fáciles de tratar (la presencia de un carácter no válido en una dirección de correo electrónico, por ejemplo), pero las ecuaciones de un algoritmo aritmético pueden ocultar fácilmente una división por cero. Para facilitar el mantenimiento, es mejor dejar que ocurra el error y solucionarlo, en lugar de protegerse contra él en todas las líneas de código del programa.

Por lo tanto, en lugar de propagar manualmente un valor de error que hace que el código sea menos legible e interrumpe la lógica del programa, es mejor realizar llamadas a las excepciones.

Una excepción detiene el flujo normal del programa: las siguientes líneas de código que siguen a esta excepción, no se ejecutarán. En su lugar, Python sube por la cadena de funciones hasta que la excepción se **captura**, tanto por medio de una instrucción en el código o hasta que ya no encuentra una función llamadora. En este último caso, el programa finaliza y muestra el mensaje que lleva la excepción producida.

En Python, la palabra clave utilizada para generar una excepción es `raise`, y los objetos desencadenados deben heredar obligatoriamente de la clase `BaseException`.

```
class MiExcepcion(BaseException):
    pass


def test():
    print("Antes de producirse")
    raise MiExcepcion()
    print("Después de producirse")

test()
>>> Antes de producirse
Traceback (most recent call last):
  File "a.py", line 9, in <module>
    test()
  File "a.py", line 6, in test
    raise MiExcepcion()
__main__.MiExcepcion
```

Observamos que no se muestra el texto "Después de producirse": el hecho de haber desencadenado una excepción interrumpe la ejecución del programa y la lista de llamadores vuelve al módulo inicial. Si no se detecta la excepción, Python finaliza la ejecución del programa informando de qué excepción se trata, así como del lugar donde se produjo (aquí, línea 6 del archivo a.py).

Para ser más precisos, Python muestra esta famosa pila de llamadas (traceback), en orden cronológico, colocando la llamada más reciente en último lugar:

```
def test3():
    raise MiExcepcion()

def test2():
    test3()

def test1():
    test2()

def test0():
    test1()

test0()
>>> Traceback (most recent call last):
  File "a.py", line 16, in <module>
    test0()
  File "a.py", line 14, in test0
    test1()
  File "a.py", line 11, in test1
    test2()
  File "a.py", line 8, in test2
    test3()
  File "a.py", line 5, in test3
    raise MiExcepcion()
__main__.MiExcepcion
```

La excepción se lanza en `test3()`, que es una función llamada por `test2()`, y así sucesivamente hasta `test0()`, que es llamada por el entorno principal de la aplicación (`__main__`). Una vez desencadenada la excepción, remonta esta pila de llamadas en orden, es decir, "sale" del método `test3()` para "volver" al método `test2()`.

Como no se detecta (consulte la subsección Captura), vuelve a salir de `test2()` para volver a `test1()`, y así sucesivamente. Este concepto de pila de llamadas es muy importante para el uso eficiente de excepciones. De hecho, es el dominio de esta pila lo que permitirá saber quién puede capturar una excepción desencadenada en una parte del programa. Nuevamente, en POO, el rol de cada objeto se debe determinar cuidadosamente.

4.2 Captura

Capturar una excepción significa detenerla en su ascenso por la pila de llamadas y realizar un tratamiento, que puede ser su gestión o su propagación. Una vez capturada la excepción, el programa puede continuar su curso normalmente.

En Python, protegemos las líneas de código que potencialmente pueden generar una excepción con las palabras clave `try`, `except`, `else` y `finally`.

- Enmarcar líneas de código entre `try` y al menos un `except` o un `finally`, permite capturar las excepciones que potencialmente se podrían desencadenar. Nada impide al código fuera del bloque `try/except` desencadenar excepciones, pero no se capturarán:

```
try:
    raise Exception("Excepción producida")
except:
    print("Excepción capturada")
>>> Excepción capturada
```

- `except` puede especificar cuál es el tipo de excepción que esperamos capturar e introduce un bloque de código que se ejecutará si la excepción provocada es realmente una instancia de este tipo:

```
try:
    raise Exception("Excepción producida")
except Exception:
    print("Excepción capturada")
>>> Excepción capturada
```

- Es posible declarar una variable que hará referencia a la excepción capturada a fin de poder visualizarla, para recuperar información, etc:

```
try:
    raise Exception("Excepción producida")
except Exception as e:
    print("Excepción capturada: {}".format(e))
>>> Excepción capturada: Excepción producida
```

– Es muy posible encadenar varios bloques `except` para capturar diferentes tipos de excepciones:

```
try:
    raise NotImplementedError()
except KeyError:
    print("KeyError capturada")
except NotImplementedError:
    print("NotImplementedError capturada")
>>> NotImplementedError capturada

try:
    raise KeyError()
except KeyError:
    print("KeyError capturada")
except NotImplementedError:
    print("NotImplementedError capturada")
>>> KeyError capturada
```

– Si la excepción desencadenada no se capturada por ninguna de las cláusulas `except`, entonces continúa ascendiendo por la pila de llamadas:

```
try:
    raise IOError()
except KeyError:
    print("KeyError capturada")
except NotImplementedError:
    print("NotImplementedError capturada")
>>> Traceback (most recent call last):
  File "a.py", line 2, in <module>
    raise IOError()
```

– Si no se especifica el tipo esperado de la excepción, `except` captura todas las excepciones (con una restricción: el `except` sin especificar el tipo se debe colocar en último lugar en la lista):

```
try:
    raise IOError()
except KeyError:
    print("KeyError capturada")
except NotImplementedError:
    print("NotImplementedError capturada")
except:
    print("Excepción capturada")
```

```
>>> Excepción capturada
```

- Si no se produce ninguna excepción, entonces no se activa ninguna cláusula `except`:

```
try:
    print("Todo está OK")
except KeyError:
    print("KeyError capturada")
except NotImplementedError:
    print("NotImplementedError capturada")
except:
    print("Excepción capturada")
>>> Todo está OK
```

- `else` abre un bloque de código que se ejecuta si no se ha producido ninguna excepción en el bloque `try`:

```
try:
    print("Todo es para bien...")
except KeyError:
    print("El mundo va mal")
else:
    print("... en el mejor de los mundos.")
>>> Todo es para bien...
... en el mejor de los mundos.
```

- `finally` permite activar código sea cual sea la situación, se haya producido o no una excepción, o se haya capturado o no. Por lo general, esto es útil para "limpiar" un entorno antes de continuar con la ejecución del programa:

```
try:
    archivo = open("test.txt", 'w')
    archivo.write(str(22/7))
finally:
    archivo.close()
```

Es importante no dejar rastro tras la ejecución de un programa, y por tanto, es necesario limpiar el entorno: cerrar lo que se ha abierto, liberar lo que se ha asignado, devolver al estado original todo lo que se ha podido modificar en el exterior. Dado que el código no está protegido por una excepción (problema de memoria, división por cero, interrupción del teclado), es importante utilizar `finally` para garantizar esta limpieza.

Dado que `ZeroDivisionError` es una excepción básica en Python, una versión mejor del ejemplo de la sección anterior podría ser:

```
import sys

def division(a, b):
    return a / b

def test(a, b):
    return division(a, b) + 42

try:
    print(test(55, int(sys.stdin.readline())))
except Exception as e:
    print("Error: {}".format(e))
<<< 55
>>> 43.0
<<< 0
>>> Error: division by zero
```

El código es mucho más claro: los métodos hacen lo que tienen que hacer, sin preocuparse por los casos de error. Lo que es lógico, porque no pueden hacer nada para capturar una división por cero. Así, cuando el usuario introduce el valor cero, `a/b` desencadena una instancia de `ZeroDivisionError`, que luego sube por la pila de llamadas. `test()` no captura la excepción, que por lo tanto pasa al entorno global. Aquí es capturada por el bloque `try/except`, que ejecuta el código contenido en el bloque `except`.

4.3 Evitar el enmascaramiento de excepción

El desencadenamiento de una excepción, ya sea realizada por el sistema o por el desarrollador, no se debe utilizar para "rectificar" un modelo de diseño ni para gestionar escenarios poco habituales. Si una aplicación que gestiona aviones integra repentinamente un helicóptero en su flota, el helicóptero no es una excepción: es una evolución del modelo. Las excepciones están ahí para señalar errores irrecuperables, inconsistencias, valores que van más allá del alcance de la definición de los métodos. Hay casos en los que continuar la ejecución del programa no tiene sentido. Una división por cero es una inconsistencia en la propia definición de la operación matemática.

Por lo tanto, es indispensable que nunca, a menos que exista una buena razón, se oculte una excepción. Por enmascarar una excepción o error en general, entendemos el acto de capturar una excepción y no tomar ninguna medida en consecuencia. Por ejemplo:

```
try:
    ecuacion_complicada()
except ZeroDivisionError:
    pass
```

Este código significa que si se realiza una división por cero, la operación se silencia. Esto puede tener como consecuencias un campo vacío en una interfaz gráfica donde se esperaba el resultado de la operación, un error de cálculo en otro lugar que depende del resultado de la operación errónea, etc. Todo esto, sin tener rastro del origen del problema. El enmascaramiento de una excepción es una pesadilla para depurar. Para evitarlo, un principio simple: si el código no puede manejar el error, entonces no debe ser capturado.

Por el contrario, es necesario que el error se propague lo más rápidamente posible para que sea más visible, y que la parte de la aplicación que sepa reaccionar correctamente ante este error pueda hacer su trabajo.

Para propagar una excepción, debe usar `raise` sin argumento dentro de una cláusula `except`:

```
try:
    1/0
except ZeroDivisionError:
    print("Se ha realizado una división por cero")
    raise
>>> Se ha realizado una división por cero
Traceback (most recent call last):
  File "a.py", line 2, in <module>
    1/0
ZeroDivisionError: division by zero
```

La excepción está bien capturada en la cláusula `except` porque se puede ver el mensaje que se muestra en la salida estándar. A continuación, se vuelve a producir la excepción y como no se captura, sale del programa con el mensaje mostrando la pila de llamadas.

4.4 Excepción personalizada

Los objetos desencadenados como excepciones, deben heredar imperativamente de la clase `BaseException`, bajo riesgo de provocar una excepción:

```
raise 42
>>>  Traceback (most recent call last):
  File "<stdin>", line 1, in <module>
TypeError: exceptions must derive from BaseException
```

Si alguna vez los errores o inconsistencias específicas de una aplicación merecen ser identificados en forma de excepciones, se deben declarar utilizando el mecanismo de herencia habitual.

Sin embargo, se recomienda no heredar directamente de `BaseException`, sino de une de sus clases derivadas: `Exception`. Las otras excepciones que heredan directamente de `BaseException` se consideran excepciones reservadas del sistema.

Para poder visualizar una excepción "correctamente", es posible sobrecargar el método `__str__()`:

```
class PotenciaZeroException(Exception):
    def __init__(self, value):
        # Este atributo permite tener una información
        # adicional sobre el motivo del desencadenamiento.
        self.value = value

    def __str__(self):
        # Mensaje de error que se podrá mostrar
        # si la excepción se captura.
        return "Error: valor {} elevado a la potencia\
0".format(self.value)

def potencia(a, b):
    if b == 0:
        raise PotenciaZeroException(a)
    return a ** b

try:
    print(potencia(5, 2))
    print(potencia(5, 0))
except PotenciaZeroExcepción as e:
```

```
    print(e)

>>> 25
Error: valor 5 elevado a la potencia 0
```

Dado que las excepciones están sujetas a la herencia, es posible crear una jerarquía de clases de excepciones para poder categoriar mejor. Esto puede ser útil cuando se trata de detectar excepciones por tipo de base:

```
class PotenciaZeroException(ArithmeticError):
    pass

try:
    print(potencia(5, 0))
except ArithmeticError as e:
    print("ArithmeticError")
>>>  ArithmeticError
```

Si alguna vez el tratamiento es diferente dependiendo de si la excepción producida es del tipo derivado o del tipo base, es necesario tener cuidado de colocar la cláusula `except` del tipo de base <u>después</u> de la de tipo derivado. De lo contrario, es el `except` del tipo de base el que va a capturar la excepción, evitando que el `except` del tipo derivado se active:

```
try:
    print(potencia(5, 0))
except ArithmeticError as e:
    print("ArithmeticError")
except PotenciaZeroExcepción as e:
    print("PotenciaZeroException")
>>> ArithmeticError
```

Una buena jerarquía de excepciones y un buen uso de la misma, pueden hacer que los posibles errores del programa no provoquen un bloqueo, sino que se corrijan o se informen con elegancia, sin comprometer la legibilidad del código.

4.5 Ejercicio

Enunciado: escriba un programa que simule la conexión de un usuario a un sitio web para el que ya se ha registrado, solo con su dirección de correo electrónico (la gestión de una contraseña está fuera del alcance de esta sección). Este programa debe ofrecer la posibilidad al usuario de introducir una dirección de correo electrónico, y mostrará diferentes mensajes de error en función de la cadena introducida. El programa debe continuar si el correo electrónico indicado tiene un formato incorrecto y finalizar si no se reconoce el correo electrónico, ya que se podría tratar de un ciberataque. Importante: el método que analiza la cadena de caracteres no debe devolver ningún valor.

Comportamiento esperado: la ejecución del programa en una consola se debe desarrollar de la siguiente manera:

```
$ python exceptions.py
-->
'' es una entrada incorrecta. Introduzca una dirección de correo
electrónico
--> t
Una dirección de correo electrónico debe tener el formato xxx@xxx.xx
--> t@t.t
Cuenta bloqueada a causa de un ataque
$ python exceptions.py
--> vicente@eni.es
¡Bienvenido Vicente!
```

Requisitos previos:

- Puede usar el módulo de expresiones regulares ofrecido por Python, para determinar si la cadena de caracteres tiene el formato correcto. Para hacerlo, importe el módulo "re" (`import re`) y utilice el método `search()` de la siguiente manera: `re.search(". * @. * \ .. *", s)`. Esta línea devolverá `None` si la cadena `s` no tiene el formato de una dirección de correo electrónico.
- El método `input('->')` le permite recopilar una cadena de caracteres escrita en la entrada estándar (la consola, en este caso).

Solución: se pueden observar cuatro comportamientos.

- Un mensaje de error si la entrada está vacía, seguida del mismo prompt.
- Un mensaje de error si el correo electrónico tiene un formato incorrecto, seguido del mismo prompt.
- Un mensaje de error si el correo electrónico no se reconoce, seguido de la finalización del programa.
- Un mensaje de bienvenida si se reconoce el correo electrónico, seguido de la finalización del programa.

Tres mensajes de error diferentes significan que el programa debe reaccionar ante tres clases de excepciones diferentes. Por tanto, se deben declarar:

```
class EntradaIncorrecta(BaseException): pass
class EmailMalFormateado(BaseException): pass
class CiberAtaque(BaseException): pass
```

Observación

Puede ser tentador incluir mensajes de error en estas excepciones personalizadas, pero al hacerlo, la interfaz de usuario dependería de ellas. De hecho, ¿qué pasaría si la aplicación tuviera que traducirse a otro idioma? Sería inapropiado introducir mecanismos de traducción en las excepciones, cuya función es únicamente modificar la ejecución del programa. Dejemos los mensajes a las capas de la GUI.

Una vez que se declaran estas excepciones, la función de análisis de la cadena de entrada se puede implementar:

```
def validacion_email(cadena):
   if cadena is None or cadena == "":
       raise EntradaIncorrecta
   if re.search(".*@.*\..*", cadena) is None:
       raise EmailMalFormateado
   if cadena != "vicente@eni.es":
       raise CiberAtaque
```

Esta función no devuelve ningún valor, pero arroja excepciones en todos los casos de error. Lo que significa que si esta función se llama pero no desencadena nada, entonces la cadena que se da como argumento es la que se espera para dar la bienvenida al usuario.

El programa debe continuar cuando la cadena esté vacía o mal formateada. Esto se puede implementar mediante un bucle infinito, del cual salimos solo si la cadena es válida, es decir, si la llamada al método `validacion_email()`, no genera nada:

```
while True:
   try:
       cadena = input('--> ')
       validacion_email(cadena)
       # Si llegamos a esta línea, significa que no
       # no se produjo la excepción. Por lo tanto, el correo
       # electrónico es correcto y el bucle se puede interrumpir.
       Break
   except EntradaIncorrecta:
      print("'{}' es una entrada incorrecta. Indique una dirección de
correo electrónico".format(cadena))
   except EmailMalFormateado:
       print("Una dirección de correo electrónico debe tener el
formato xxx@xxx.xx")
   except CiberAtaque:
       print("Cuenta bloqueada a causa de un ataque")
       exit(1)
print("¡Bienvenido Vicente!")
```

La función `exit()` se usa para salir de un programa, con un código de retorno distinto de nulo (para el sistema operativo, un programa que termina devolviendo 0, significa que su ejecución ha terminado con éxito). Esta salida del programa en medio de un bucle es un poco abrupta, pero aceptable como parte de un ejercicio. Si queremos una salida más elegante, entonces es posible usar una variable de bucle:

```
ataque = False
while not ataque:
   try:
       # Códido inalterado
   except CiberAtaque:
       print("Cuenta bloqueada a causa de un ataque")
       ataque = True # Esto permite salir del bucle
if not ataque:
   print("¡Bienvenido Vicente!")
```

5. Conceptos de la POO no nativos

5.1 Clase abstracta

Python no proporciona un mecanismo nativo para declarar clases abstractas porque el duck typing evita el problema. De hecho, en POO, una clase abstracta es útil para definir un contrato común entre varias clases (las clases derivadas concretas) y quienes van a usarlas. El término "contrato" designa los comportamientos y los datos que una clase garantiza poseer y producir. Técnicamente, se trata de sus atributos y métodos, pero la noción de contrato agrega una dimensión de responsabilidad.

Es la clase `Forma` la que declara la existencia de los métodos de cálculo de perímetro y área, así como de los atributos de coordenadas (`x`, `y`). Por tanto, es gracias a ella que el módulo de dibujo podrá colocar las formas concretas (cuadrado, círculo...), en un plano.

Con el duck typing, la declaración de este contrato ya no tiene sentido: tratamos las instancias como formas, pidiéndoles sus coordenadas para ubicarlas. Si alguna de estas instancias no es una forma pero tiene estos atributos de coordenadas, no hay problema, el procesamiento puede continuar. Si grazna, es un pato. Una clase fingió ser una `Forma` cuando no conocía el contrato establecido por `Forma`. Entonces, al final, `Forma` realmente ya no tiene ninguna utilidad, ya que otras clases pueden cumplir el contrato que ella declara sin heredarlo.

Sí pero...

Cuando usamos un atributo `x` o `y` de un objeto, esperamos un cierto tipo de retorno, con una cierta importancia de negocio. Ahí es donde `Forma` certifica que `x` e `y` son las coordenadas de una forma geométrica, una instancia de cariotipo (el conjunto de los cromosomas de una célula en biología) proporcionará una interpretación completamente diferente de la llamada a `x()` e `y()`, como devolver una instancia de los cromosomas X e Y de un individuo.

El contrato que una clase proporciona al conjunto del programa no se limita solo a los nombres y parámetros de sus miembros, sino que también incluye su documentación, significado, función dentro del esquema de la arquitectura del software. En POO, sin embargo, dos clases con dos atributos comunes no son hermanas, hijas de la misma clase madre. La herencia, además de aportar a las clases derivadas los miembros de la clase base, también les da una semántica, un rol de negocio.

Por lo tanto, durante la definición e implementación de un algoritmo, pensamos más en términos de clases, abstractas o no, que en términos de atributos. Estos últimos solo se utilizan para almacenar datos, mientras que las clases representan los conceptos manipulados. Es más intuitivo, más conceptual, más acorde con la forma de pensar de la programación orientada a objetos.

Por esta razón se introdujo una librería en el estándar Python: `abc` (*Abstract Base Classes*: clases abstractas básicas). Esta librería permite declarar una clase abstracta y también métodos abstractos.

```
from abc import ABCMeta, abstractmethod

class Forma(metaclass=ABCMeta):

    @abstractmethod
    def perimetro(self):
        print("Cálculo del perímetro...")
```

La clase `Forma` especifica su metaclase, es decir, la clase de la que es una instancia, como `ABCMeta`. Esta información permite a `Forma` modificar la forma en que se instancia, pero este mecanismo permanece transparente desde el punto de vista del usuario. El método `abstractmethod` especifica que el siguiente método se declara como abstracto. Sin embargo, esto no implica que su cuerpo vaya a quedar sin uso, porque una clase derivada podría muy bien llamar a este método de la clase básica para realizar un tratamiento común (en este caso, mostrar un mensaje).

La derivación de esta clase abstracta como clase concreta no cambia de ninguna manera en comparación con una herencia "clásica":

```
class Circulo(Forma):

    def __init__(self, radio):
        self.radio = radio

    def perimetro(self):
# Llamada explícita al método abstracto de Forma
        # para beneficiarse del tratamiento que realiza
        # (en este caso, muestra un mensaje).
        super().perimetro()
        return 2 * 3.14 * self.radio
```

Intuitivamente, ahora es posible instanciar un círculo y preguntar le su perímetro:

```
c = Circulo(5)
print(c.perimetro())
>>> Cálculo del perímetro...
31.400000000000002
```

Y esto es la abstracción que `class` aporta:

```
class Estrella(Forma):
    pass

try:
    Estrella()
except Exception as e:
    print(e)
>>> Can't instantiate abstract class Estrella with abstract methods
perimetro
```

La instanciación de `Estrella` no es posible porque no implementa el método abstracto `perimetro()`. De hecho, dado que `Forma` define este método como abstracto, significa que una clase derivada de `Forma` debe implementar este método. Este no es el caso de `Estrella`. Por lo tanto, la instanciación genera una excepción `TypeError`, capturada en el ejemplo anterior.

También gracias al módulo `abc`, es posible asociar manualmente una clase concreta con una clase abstracta, como una especie de "adopción". Esta clase derivada no recupera los miembros de la clase base, como lo hubiera hecho a través de una herencia clásica, pero desde el punto de vista del tipado, todavía se considera su hija. Por lo tanto, es bastante instanciable, incluso si no implementa las metodologías abstractas de su clase madre.

Esta adopción se realiza gracias al método de clase `register()`, recuperado por la clase abstracta cuando declaró `ABCMeta` como metaclase.

```
class Cuadrado:
    pass

Forma.register(Cuadrado)

c = Cuadrado()
print(isinstance(c, Forma))
>>> True
try:
    print(c.perimetro())
except Exception as e:
    print(e)
>>> 'Cuadrado' object has no attribute 'perimetro'
```

`Cuadrado` es una instancia de `Forma`, porque se considera como una clase hija de `Forma` gracias al método `register()`. Sin embargo, no recupera ningún miembro de `Forma`, y ciertamente no el método abstracto `perimetro()`, de ahí la excepción mostrada.

5.2 Interfaz

Python no proporciona un mecanismo para declarar interfaces. Una interfaz es un contrato, es decir, un conjunto de métodos que se debe respetar por parte de quien lo implemente. Dado que los contratos en el mundo del duck typing son innecesarios, el concepto de interfaz en Python se vuelve redundante.

5.3 Encapsulación

En Python, todo miembro es público. No se prevé ningún mecanismo para evitar el uso de un método o atributo privado. Sin embargo, existe una convención que simula este comportamiento esperado:

- Si un miembro de la clase no es parte de la interfaz pública, pero solo está presente por un motivo de implementación, entonces su nombre tiene el guion bajo "_" como prefijo. El objetivo es dimensionar la visibilidad del miembro haciendo que su nombre sea menos evidente de encontrar. Sin embargo, esto no impide que sea accesible desde el exterior de la clase.
- Si un miembro es exclusivamente privado, es decir, ni público ni protegido, entonces es posible prefijar su nombre con dos guiones bajos "__". Cuando el intérprete de Python encuentra un nombre de miembro con dos guiones bajos, automáticamente prefija ese nombre con un guion bajo, seguido del nombre de la clase. Esto hace posible evitar conflictos de nombres entre clases madres e hijas:

```
class ClaseMadre:
  __miembro = "Soy tu madre"

class ClaseHija:
    __miembro = "Noooo"

print(ClaseMadre._ClaseMadre__miembro)
>>> Soy tu madre

print(ClaseHija._ClaseHija__miembro)
>>> Noooo

print(ClaseHija.__miembro)
>>> Traceback (most recent call last):
  File "a.py", line 9, in <module>
    print(ClaseHija.__miembro)
AttributeError: type object 'ClaseHija' has no attribute
'__miembro'
```

6. Enumeración

Las enumeraciones son la mejor manera de representar un conjunto finito de elementos, como los días de la semana o los colores del arco iris, existen varias soluciones que se pueden implementar. Una de los más simples consiste en crear una clase y declarar atributos de clase, asignándoles enteros de diferentes valores:

```
class Color:
    ROJO = 1
    VERDE = 2
    AZUL = 3

tomate = Color.ROJO
ensalada = Color.VERDE
```

Este método todavía tiene algunos inconvenientes. Por un lado, el valor de la enumeración no está tipada correctamente: se trata de un entero:

```
print(tomate)
>>> 1
print(ensalada)
>>> 2
```

Esto puede plantear dificultades de depuración (¿qué representa el valor 1? ¿Es realmente un número entero o una enumeración?). También puede fomentar usos aritméticos incorrectos, mientras que una enumeración no se hace para eso claramente:

```
print(Color.ROJO + Color.VERDE == Color.AZUL)
>>> True
```

Por otro lado, los valores de enumeración siendo números enteros públicos, un error de descuido o un error tipográfico, pueden producir resultados bastante desastrosos:

```
Color.ROJO = Color.VERDE
print(Color.VERDE == Color.ROJO)
>>> True
```

Una enumeración no es un conjunto de números enteros o cadenas de caracteres: se trata de valores que representan un concepto (como una clase en POO). Si bien es ciertamente necesario representar estos valores con los tipos que ofrece el lenguaje, es necesario intentar abstraerse lo máximo posible de su representación de memoria. De hecho, manejar una enumeración como un tipo "básico" abre la posibilidad de usarla fuera de su dominio de definición teórica.

Si el valor de enumeración está representado por un número entero, se puede utilizar perfectamente como índice de tabla. Sin embargo, el índice AZUL de una lista no tiene sentido. Así como sumar LUNES y MIÉRCOLES es absurdo.

Por tanto, necesitamos un tipo que sea lo más abstracto posible. Por tanto, ¿por qué no utilizar una clase?

```
class Color:
    class ROJO: pass
    class VERDE: pass
    class AZUL: pass

print(Color.ROJO == Color.VERDE)
>>> False
print(Color.AZUL)
>>> <class '__main__.Color.AZUL'>
```

Sin embargo, hay casos en los que realmente queremos representar los valores enumerados mediante números enteros o cadenas de caracteres. No para manejarlos como tales, sino porque es muy común tener que mostrar estos valores, cuando se guardan en un archivo JSON, por ejemplo.

Desde la versión 3.4 de Python, la librería estándar incluye un módulo llamado `enum` que define un tipo `Enum` del cual se pueden derivar clases que luego serán consideradas como verdaderas enumeraciones:

```
from enum import Enum

class Color(Enum):
    ROJO = 1
    VERDE = 2
    AZUL = 3

print(Color.ROJO == Color.VERDE)
```

```
>>> False
print(Color.AZUL)
>>> Color.AZUL
```

Este módulo ofrece varias ventajas. Permite evitar una asignación accidental de un valor enumerado:

```
Color.ROJO = 3
>>> Traceback (most recent call last):
  File "a.py", line 10, in <module>
    Color.ROJO = 3
  File "<somewhere>/enum.py", line 292, in __setattr__
    raise AttributeError('Cannot reassign members.')
AttributeError: Cannot reassign members.
```

Con fines de visualización o escritura, es posible utilizar el nombre del valor enumerado como una cadena de caracteres:

```
print(type(Color.VERDE.name))
>>> <class 'str'>
```

Este módulo `enum` se acerca más al concepto de enumeración, tal como se define en la teoría de la POO.

7. Duck typing

El principio del duck typing consiste en tratar como pato a cualquier entidad que grazne, nade y vuele. Incluso si no es un pato. Por tanto, al leer código escrito en Python, el tipo de objetos manipulados solo se puede deducir a partir del uso que hacemos de ellos.

Sin embargo, en determinados casos de uso, puede resultar tentador realizar determinados tratamientos en función del tipo de la variable manipulada. Python también ofrece la función nativa `isinstance()`, que devuelve `True` si el objeto dado como primer parámetro es una instancia de la clase dada como segundo parámetro o una de sus subclases.

Por ejemplo:

```
for animal in cuidador.animales :
   if isinstance(animal, Serpiente) :
          cuidador.alimentar(animal, new Insecto())
   elif isinstance(animal, Pingüino) :
          cuidador.alimentar(animal, new Pez())
```

El uso de `isinstance()` es comprensible: para evitar alimentar a un animal con comida que no le corresponde, comprobamos cuál es el tipo de animal y adaptamos la comida en consecuencia. Sin embargo, esta técnica va en contra de la filosofía de Python. De hecho, si en el zoológico tenemos un animal que puede graznar, nadar y volar, pero que no es un pato, lo trataremos de manera diferente a los patos reales, mientras que si respetamos el principio de duck typing, no deberíamos hacerlo.

Aquí encontramos un principio costoso de la programación orientada a objetos: la compartimentación de roles. El rol del cuidador es dar alimento a los animales. Sin embargo, la asociación entre el animal y su alimento no debe ser realizada por él, porque su única forma de decidir qué tipo de alimento dar es conocer el verdadero tipo del animal. Sin embargo, poco importa el tipo, porque si grazna, entonces se le debe dar comida para patos.

La información del tipo de alimento adecuado debe ser poseída por el primer interesado: el animal en cuestión. No importa de qué tipo sea: es suficiente con preguntarle qué alimento es adecuado para él. Centralizar esta información dentro de la clase `Animal` es relevante, porque si el animal cambia su dieta, o si aparece un nuevo animal, entonces solo se debe cambiar el código del animal. Mientras que, en el ejemplo anterior, también sería necesario cambiar el algoritmo de distribución de alimentos, y ciertamente otros lugares del proyecto donde se ha realizado la asociación animal/alimento con `isinstance()`.

Entonces el código se convertiría en:

```
for animal in cuidador.animales :
   alimentacion = animal.alimentacion
   cuidador.alimentar(animal, alimentacion)
```

El duck typing, si se sigue escrupulosamente, obliga al desarrollador a impulsar su uso de la orientación a objetos y a pensar en las diferentes responsabilidades y diferentes roles de sus clases. Esto también permite manipular clases que tienen el mismo comportamiento, pero no necesariamente la misma semántica, y que por lo tanto no tienen ninguna razón para ser parte de una herencia común. Se concede una mayor libertad de acción al desarrollador, que se libera de las limitaciones del tipado y se puede concentrar únicamente en los métodos y atributos de los objetos que maneja, es decir, en su comportamiento o incluso en su definición del negocio.

Dicho esto, el duck typing tiene un gran inconveniente: es imposible asegurarse del correcto desarrollo del programa antes de ejecutarlo. Dado que no se realiza ningún control sobre el tipado de los objetos, no hay nada para predecir de antemano que el tipo de dicha variable no implemente el método o atributo utilizado. Por tanto, solo durante la ejecución aparecerá el problema, momento en el que el intérprete intenta llamar a un miembro inexistente en una instancia de un tipo no esperado.

Nuevamente, usar `isinstance()` al comienzo del método podría ser útil para asegurar el tipo correcto de parámetros y anticipar errores, pero esto solo enmascararía un defecto de diseño, y esta no es la filosofía de Python. Si es necesario un tipado fuerte para garantizar el éxito de todas las llamadas, entonces el duck typing y, por extensión Python, no son las herramientas más adaptadas.

La verdadera solución es implementar una política de pruebas unitarias lo más completa y amplia posible. Cada línea de código del programa debe ser sometida a una prueba unitaria para asegurarse de que, bajo ninguna circunstancia, en el marco de un uso normal del software, no se cometa un error de tipo.

Capítulo 5
Vista rápida de algunos design patterns

1. Introducción

Las nociones de programación orientada a objetos que se han visto hasta ahora, son piezas elementales. Se trata del material básico para construir de manera robusta y eficiente, soluciones para resolver problemas comunes de programación: cómo realizar el procesamiento en una jerarquía de clases sin tener que modificar su implementación, cómo asegurar que solo hay una instancia única de tal clase en todo el programa, cómo cambiar la forma en que se representan dichos datos utilizando la menor cantidad de código posible, etc.

Al combinar las piezas básicas de la POO según ciertos esquemas ya probados, las clases y las relaciones entre ellas pueden formar herramientas fantásticas que responden con fiabilidad y elegancia a estos problemas comunes de programación. Estas combinaciones se denominan "design patterns" o "patrones de diseño" en español. Como el término inglés es el más extendido, será el que se utilizará en el resto de este capítulo.

Un design pattern no es un fragmento de código que podamos copiar y pegar en un programa, para que funcione como se desea. Tampoco es solo una librería para importar. Algunas librerías pueden facilitar la implementación del design pattern deseado, pero de hecho, depende del desarrollador codificarlo adaptándolo a las estructuras, a las necesidades y a los entornos ya existentes. Se puede comparar con una estructura de algoritmo, sin los detalles de implementación. Se trata de ensamblar unas clases genéricas de una determinada manera, para ver aparecer una entidad que resuelve un problema. Depende del desarrollador comprender perfectamente el funcionamiento del design pattern, para transcribirlo a su lenguaje de programación, integrarlo en el contexto empresarial en el que trabaja y respetar las limitaciones técnicas y arquitectónicas de su software.

Los design patterns aparecieron bastante temprano en la programación, pero no fue hasta la década de 1990 cuando se les aplicó un formalismo real. Hoy en día, existen docenas de design patterns aplicables a la programación orientada a objetos. Soluciones casi llave en mano para problemas informáticos comunes, mejoran enormemente la velocidad de programación y la solidez de los programas, porque han sido cuidadosamente pensados, probados y aprobados. Hay muchos libros que se dedican a ellos. Es importante comprender los principales design patterns para tener un buen dominio de la orientación a objetos.

Las siguientes secciones presentan algunos. Fueron elegidos para aplicar los principios POO vistos anteriormente en este libro.

2. Singleton

El uso de variables globales es una práctica que se debe evitar: contaminan el espacio de nombres global, ocupan recursos durante toda la vida del programa y son difíciles de controlar, ya que todo el mundo puede acceder a ellas. Sin embargo, en algunos casos específicos, es mucho más conveniente poder acceder a la información de forma global, en lugar de transferirla de un objeto a otro.

```
class Madrid:

    def __init__(self, sol):
        self.sol = sol

    def clima(self):
        if (self.sol):
           return "Soleado"
        return "Nublado"

class Espana:

    def __init__(self, sol):
        self.sol = sol
        self.ciudades = [Madrid(sol)]

class Europa:

    def __init__(self, sol):
        self.sol = sol
        self.pais = [Espana(sol)]

class Tierra:

    def __init__(self, sol):
        self.sol = sol
        self.continentes = [Europa(sol)]

class SistemaSolar:

    def __init__(self, sol):
        self.sol = Sol()
        self.tierra = Tierra(sol)
```

En este ejemplo, la instancia de Sol pertenece lógicamente al sistema solar. También vemos que cada lugar representado por las clases declaradas en el ejemplo, puede tener acceso a esta instancia -única- de Sol, para realizar eventuales procesamiento (visualización del clima en una ciudad, por ejemplo). Sin embargo, si queremos evitar tener una instancia global, es imperativo que cada clase que deba acceder al Sol reciba esta instancia en su constructor, para almacenarla y usarla. De ahí la cadena de constructores que toman el Sol como segundo argumento. Usar un objeto global simplificaría enormemente el código:

```
class Madrid:

    def clima(self):
        if (sol):
            return "Soleado"
        return "Nublado"

class Espana:

    def __init__(self):
        self.ciudades = [Madrid()]

class Europa:

    def __init__(self):
        self.pais = [Espana()]

class Tierra:

    def __init__(self):
        self.continentes = [Europa()]

class SistemaSolar:

    def __init__(self):
        self.tierra = Tierra()

sol = Sol()
t - Madrid()
print(t.clima())
>>> Soleado
```

No obstante, un objeto global, por tanto accesible en todas partes, puede proporcionar un cierto control a través de métodos de acceso para evitar una manipulación incorrecta. Pero globalidad debe ir de la mano de unicidad. De hecho, sin la seguridad de que el objeto es el mismo durante toda la vida del programa, su usuario no puede estar seguro de su estado, de los valores que contiene, etc.

Tomemos, por ejemplo, un objeto que gestiona la configuración del programa (nombres de usuario, colores, cualquier cosa que podamos esperar encontrar en un menú de Opciones o Configuración). Este objeto, dadas sus ramificaciones, debe ser accesible en todas partes. Sin embargo, también debe ser único por una razón obvia: queremos que la configuración del programa se lea solo una vez al inicio (gracias a un archivo de configuración, una lectura en un registro, etc.) y que sea coherente durante todo su uso.

Otro ejemplo de un objeto global que debe ser único podría ser un recurso de hardware, como una tarjeta gráfica o un dispositivo conectado a cualquier puerto. En este caso, la unicidad es fundamental porque no queremos tener que cargar un controlador varias veces, arriesgarnos a dirigirnos al dispositivo equivocado o enviar órdenes contradictorias o simultáneas. El desarrollador quiere acceder a este recurso de forma sencilla y sin miedo a equivocarse.

En este tipo de problemas relativamente extendidos, es donde se utiliza el design pattern Singleton.

La definición de singleton es simple: se trata de una clase que solo se puede instanciar una sola vez a lo largo de todo el programa. Aquí está su representación UML:

Singleton
- Instancia: Singleton
- Singleton() + getInstancia(): Singleton

Para garantizar que no se pueda crear una instancia de singleton más de una vez, el constructor de la clase es privado: nadie puede acceder a él, por lo que nadie puede crear instancias excepto la clase misma.

Para recuperar la instancia única, se propone un método de clase (y no de instancia). Es un método de clase porque, dado que es la única forma de obtener una instancia, no es posible llamarlo a través de una instancia.

La única instancia de singleton se almacena como un atributo privado de la clase (queremos que nadie más que singleton acceda a ella). El método que devuelve este miembro primero prueba si la instancia existe. Si no es así, la clase se instancia utilizando el constructor privado. El método solo tiene que devolver esta instancia para que se pueda usar. Si durante la llamada ya existe la instancia, simplemente se devuelve.

Es todo. El constructor privado, la instancia única también privada y el método de clase para acceder a esta instancia, forman un singleton.

La implementación en Python no es tan trivial, simplemente porque en Python, la noción de visibilidad no existe: todos los miembros de una clase son públicos. Sin embargo, el hecho de tener un constructor público impide la implementación del principio singleton, porque cualquiera puede llamarlo y, en consecuencia, crear nuevas instancias. Por lo tanto, es necesario explorar más profundamente en la implementación de la clase `Singleton`, modificando el mecanismo mismo de definición de las metaclases.

En el capítulo Los conceptos de POO con Python, se mostró que en Python, una clase se usa para instanciar objetos, pero también es en sí misma un objeto. La prueba: es muy posible asignar una clase a una variable:

```
class Test :
    pass

>>> mi_prueba = Test
>>> print(mi_prueba)
<class '__main__.Test'>
```

Dado que una clase es un objeto, necesariamente tiene una clase para definirla. Veamos cuál es el tipo real de clase usando la función integrada `type`:

```
>>> type(1)
<class 'int'>
>>> type(Test)
<class 'type'>
```

Por tanto, una clase es de tipo `type`. De hecho, en Python, `type` es la metaclase que permite generar todas las clases. En otras palabras, cada clase es una instancia de `type`.

Se puede hacer que el constructor de una clase sea privado, modificando la metaclase de la clase `Singleton`, es decir, modificando la forma en que se define la clase. Para hacer esto, todo lo que tiene que hacer es definir una clase derivada de `type`. Por lo tanto, por herencia, esta clase derivada también podrá instanciar clases. Y dado que se trata de una clase que implementamos, es posible anular los métodos de instanciación de clases:

```
class MetaSingleton(type):
    def __call__(cls):
        pass # Nada por el momento.
```

La clase `MetaSingleton` hereda de `type`, lo que le da el poder de instanciar clases. Cuando instanciamos `Singleton` a través de la instrucción `Singleton()`, se llamará al método `__call__()` con la clase `Singleton` como parámetro (la clase como objeto de tipo `class`).

```
# Estas dos líneas son equivalentes
s = Singleton()
s = Singleton.__call__()
```

Ahora que se ha declarado `MetaSingleton`, debemos especificar a la clase `Singleton` que usa `MetaSingleton` como metaclase. Por lo tanto, `MetaSingleton` realizará la instanciación de la clase `Singleton`. Esto se puede hacer especificando el argumento `metaclass` en la línea de declaración de `Singleton`:

```
class Singleton(metaclass=MetaSingleton):
    pass
```

Entonces, al crear una instancia de un objeto de tipo `Singleton`, Python mira la metaclase de `Singleton`, en este caso `MetaSingleton` (esta habría sido la metaclase `type` para una clase "ordinaria"). Es la metaclase la que determina el comportamiento global de una clase, incluida la manera en la que esa clase se instancia. Entonces, desde la instrucción `Singleton()`, se llama al método `MetaSingleton.__call__()` y puede controlar esta instanciación.

Es hora de implementar el mecanismo del design pattern Singleton:

```
class MetaSingleton(type):

    __instancia = None

    # cls es la clase a instanciar.
    def __call__(cls):
        # Si el atributo __instancia de la clase a instanciar
        # es nulo...
        if cls.__instancia is None:
            # ... esto significa que la instancia de Singleton (cls)
            # aún no ha sido creada. Entonces la creamos. Utilizamos
            # super() para respetar la jerarquía de clases.
            cls.__instancia = super(MetaSingleton, cls).__call__()
        # Aquí, necesariamente se crea la instancia de cls.
        # Por tanto, podemos devolverla.
        return cls.__instancia
```

El mecanismo singleton está en su lugar: el constructor no es realmente privado, pero la instanciación se realiza solo si no hay otra instancia almacenada en algún lugar.

```
singleton1 = Singleton()
singleton2 = Singleton()
print(singleton1)
print(singleton2)

<__main__.Singleton object at 0x7f2558a6de80>
<__main__.Singleton object at 0x7f2558a6de80>
```

En Python también es posible utilizar decoradores, es decir, símbolos que, asociados a una clase o un método, modifican el comportamiento. Al definir su propio decorador `Singleton`, es posible transformar cualquier clase en singleton, solo decorándola:

```
# Definición del decorador
class Singleton:

    # Fabricante del decorador.
    # Toma la clase decorada como parámetro.
    def __init__(self, decorated):
        # Conservamos una referencia sobre la clase decorada
        # para que pueda instanciarla más tarde.
        self._decorated = decorated

    def Instance(self):
        # Intentamos acceder a la instancia del Singleton
        try:
            return self._instancia
        except AttributeError:
            # La excepción se desencadena si el atributo no está
            # definido. Esto significa que la instancia de Singleton
            # no se ha creado. Por lo tanto, se debe crearse aquí.
            self._instancia = self._decorated()
            # Se devuelve la instancia única.
            return self._instancia

    def __call__(self):
        # La sobrecarga de __call__ permite prohibir
        # la instanciación "salvaje".
        raise TypeError("Para recuperar la instancia del Singleton, \
utilizar 'Instance()'.")

# Decorador de la clase Impresora.
@Singleton
# Definición de la clase Impresora.
class Impresora:
    pass

i1 = Impresora()
>>> TypeError: Para recuperar la instancia del Singleton, utilizar
'Instance()'.
i1 = Impresora.Instance()
i2 = Impresora.Instance()
print(i1 is i2)
>>> True
```

El singleton es un tema controvertido en el universo de Python. De hecho, se debe usar con moderación, porque es tentador transformar ciertas clases en singleton, solo para tener un acceso más fácil a ellas, en detrimento de la lógica de la arquitectura del programa. Uno de los principios de la POO es la separación de roles, es importante que una clase tenga acceso solo a lo que es necesario para que funcione, y no más. El design pattern singleton ofrece una accesibilidad que se puede considerar demasiado amplia para una arquitectura bien hecha.

3. Visitante

3.1 Presentación

Las estructuras de datos son omnipresentes cuando se trata de manipular información (listas, diccionarios, árboles, tablas, etc.). Existen muchos contenedores para ofrecer diferentes rendimientos y funcionalidades de acuerdo con la naturaleza de los datos almacenados. La necesidad de recorrer estos datos y realizar operaciones sobre ellos es muy clásica.

Un archivo XML, por ejemplo, se puede comparar con una estructura de árbol (relación padre-hijo), en la que cada elemento o nodo es una instancia de una clase. Por ejemplo:

```
<zoo>
  <animales>
    <leon nombre="Lorenzo" edad="10" sexo="M"/>
    <serpiente nombre="Severus" edad="2" sexo="H"/>
    <pinguino nombre="Esmo" edad="5" sexo="H"/>
  </animales>
</zoo>
```

Podemos transponer este árbol en objetos, según el siguiente diseño:

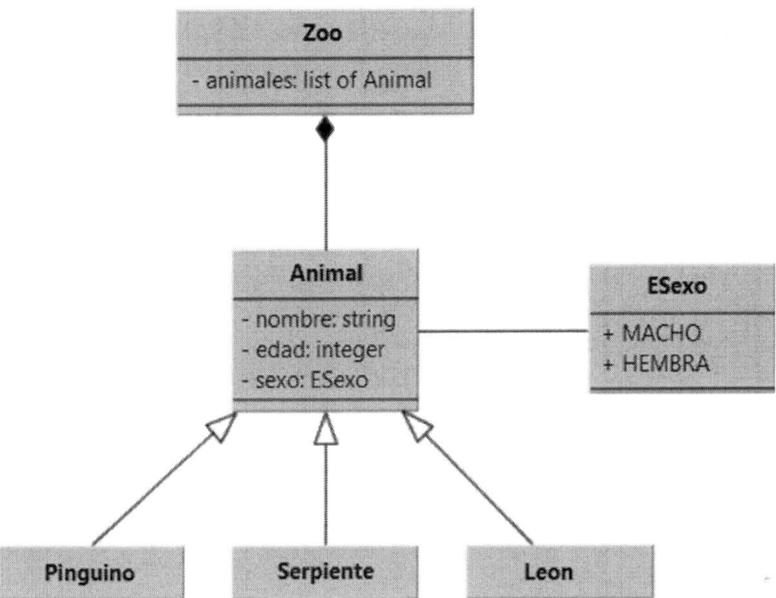

La transformación del contenido textual en una estructura de objetos, permite un manejo más fácil e intuitivo si desea realizar procesamientos de negocio en las entidades. Estos tratamientos pueden ser diversos y variados, como guardar estos objetos en un archivo de un determinado formato o representarlos en una interfaz gráfica, o incluso modificar los atributos de cada uno en función de una determinada condición. El principio general sigue siendo el mismo:

- acceder al primer elemento;
- realizar un tratamiento en él;
- pasar al siguiente elemento;
- volver a empezar.

La dificultad reside en la diferencia de tratamiento diferente en función el tipo concreto de los elementos. Para retomar el ejemplo de una representación gráfica de objetos: sería preferible llamar a una función diferente para cada tipo de objeto diferente. En el caso de una jerarquía de clases, ya existe un mecanismo para hacer esto: el polimorfismo, que permite llamar a un método diferente en función del tipo real del objeto. Pero este mecanismo tiene una limitación: para aprovecharlo es necesario modificar los propios objetos, colocando en ellos la implementación de las diferentes sobrecargas del método polimórfico. Sin embargo, modificar la implementación de una clase no siempre es deseable en un entorno de separación de tareas. No queremos que la clase sea omnipotente, que sepa hacer todo: guardar en XML, mostrar en pantalla, exportar en JPG, etc. Además, modificar una clase a veces puede ser imposible si se trata de una clase importada de una librería externa.

Lo que ofrece el design pattern Visitante, es una forma de recorrer una jerarquía de clases utilizando un objeto, el visitante con el nombre adecuado, que realizará procesamientos específicos en las instancias visitadas. El polimorfismo permite hacer un **simple dispatch**, es decir, delegar la acción en la clase concreta. El visitante permite realizar un **double dispatch**: hacer un dispatch dinámico sobre el tipo de objetos, luego hacer un dispatch dinámico sobre el tipo de visitante. El objetivo es no tener que modificar la jerarquía de clases visitadas para agregar nuevos métodos, con el fin de mantener la separación de responsabilidades. El visitante implementa estos nuevos métodos.

El design pattern visitante se divide en dos componentes: el visitante y el visitable:

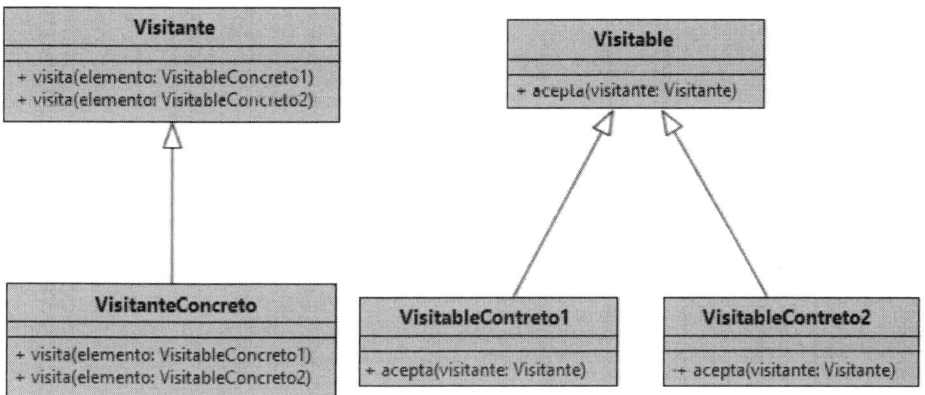

Un `Visitante` tiene tantos métodos `visita()` como clases a visitar. Cada uno de estos métodos realiza un procesamiento especial en el objeto que está visitando. Para que los métodos `visita()` del visitante sean realmente llamados en los tipos visitables concretos, y no en tipos base posibles, cada clase visitable concreta implementa un método `acepta()`. Este método toma un visitante como parámetro y solo llama al método `visita()` correcto de este visitante, es decir, el correspondiente a la clase visitable concreta actualmente visitada.

En lenguajes de tipado estático, como Java o C ++, es necesario cierto formalismo. La clase `Visitante` generalmente es una interfaz, y es necesario implementar manualmente el método `acepta()` en cada clase heredada de la clase `Visitable`. El tipado dinámico de Python permite una mayor libertad en la implementación, por lo que no existe una implementación de referencia para el design pattern Visitante.

A modo de ejemplo, aquí hay una posible implementación. En primer lugar, definimos una clase `Visitable`, que proporciona el método `acepta()`. Esto vuelve a implementar un dispatch dinámico según el tipo de objeto visitado. Para hacer esto, inspecciona al visitante y busca un método llamado `visit<Type>()`, donde `<Type>` es el nombre de la clase del objeto visitado; llama al método `default()` del visitante si no se encuentra ningún método correspondiente a la clase en cuestión.

```
class Visitable:

    # El segundo parámetro corresponde al visitante
    # visitando la clase.
    def acepta(self, visitor):
        # Se recupera el nombre de la clase actual.
        class_name = self.__class__.__name__

        # El método getattr() recuperará, en la instancia
        # del visitante, el método cuyo nombre es 'visita'
       # después el nombre de la clase. Si tal miembro no existe,
        # se selecciona el método default().
        method = getattr(visitor, 'visit' + class_name,
                         visitor.default)

        # Llamamos a este método con la instancia del visitable
        # como parámetro.
        return method(self)
```

A continuación, imagine una jerarquía de clases que representan entidades en una página HTML. Primero, hay una clase abstracta, `Entidad`, que está vacía y hereda de `Visitable`. Dos clases la heredan, a su vez: `Enlace` e `Imagen`.

```
class Entidad(Visitable):
    pass

class Imagen(Entidad):
    def __init__(self, src, alt):
        # La URL origen de la imagen.
        self.src = src
        # El texto alternativo de la imagen.
        self.alt = alt

class Enlace(Entidad):
    def __init__(self, href, text):
```

```
        # El enlace hipertexto.
        self.href = href
        # El texto del enlace.
        self.text = text
```

Finalmente, representemos a los visitantes. La clase abstracta `VisitanteEntidad` no es un requisito de diseño y solo se describe aquí para mayor claridad.

```
class VisitanteEntidad:
    def visitaImagen(self, imagen):
        pass

    def visitaEnlace(self, enlace):
        pass
```

La clase `RepresentacionHtml` es un ejemplo de visitante: transforma cada entidad en una cadena de caracteres que se corresponde con su representación en HTML.

```
class RepresentacionHtml(VisitanteEntidad):
    def visitaImagen(self, imagen):
        return '<img src="{}" alt="{}" />'.format(imagen.src,
                                                  imagen.alt)

    def visitaEnlace(self, enlace):
        return '<a href="{}">{}</a>'.format(enlace.href, enlace.text)
```

Otro ejemplo de visitante es la clase `AnalizadorDeEnlace`: recopila todos los enlaces de una página para su análisis. Solo define `visitaEnlace()` y mantiene, para las otras entidades, el método vacío tal y como se ha implementado en `VisitanteEntidad`.

```
class AnalizadorDeEnlace(VisitanteEntidad):
    def __init__(self):
        # Se define un conjunto vacío que recuperará
        # los enlaces de la página HTML.
        self.enlaces = set()

    def visitaEnlace(self, enlace):
        # Agregamos el enlace que estamos visitando
        # al conjunto de enlaces.
        self.enlaces.add(enlace.href)
```

Como muestran estos dos ejemplos, gracias al método `acepta()` es posible extender las funcionalidades de la jerarquía de las entidades, sin modificarla y así respetar el principio de separación de responsabilidades. Un uso de estos objetos, podría verse así:

```
entidades = CrearEntidades()
representacion = RepresentacionHtml()
analizador = AnalizadorDeEnlace()
for entidad in entidades:
    print(entidad.acepta(representacion))
    entidad.accept(analizador)
print(analizador.enlaces)
```

El ejemplo aquí puede parecer simple y trivial, pero en realidad el design pattern visitante es capaz de realizar todos los tratamientos posibles en cualquier jerarquía de clases, por complicada que sea. Por lo tanto, al poder comparar la sintaxis del lenguaje Python con un árbol, es muy posible implementar un visitante que representará un programa en forma de diagrama de clases, otro que hará estadísticas sobre el uso de variables y otro más que garantizará que los nombres utilizados no contengan errores tipográficos.

3.2 Ejercicio

Enunciado: aquí hay clases que representan los elementos de sintaxis de un lenguaje de programación:

```
class Bloque:
    # Un bloque es un conjunto de instrucciones ejecutadas
    # unas detrás de otras.
    def __init__(self):
        # Por defecto, un bloque no contiene ninguna instrucción.
        self.instrucciones = []

    def agregarInstruction(self, instruccion):
        self.instrucciones.append(instruccion)

class Si:
    # Representa una instrucción 'if'. 'condicion' es una cadena
    # de caracteres que contiene la evaluación de la condición,
    # 'entonces' es el bloque de instrucciones ejecutadas si la condición
    # se verifica, 'si_no' es el bloque de instrucciones ejecutadas
    # si no se verifica.
```

```
    def __init__(self, condicion, entonces, si_no):
        self.condicion = condicion
        self.entonces = entonces
        self.si_no = si_no

class MientrasQue:
    # Representa una instrucción 'while'.
    # 'condicion' es una cadena que contiene el valor evaluado
    # para decidir si el bucle continúa o no,
    # 'bloque' es la secuencia de instrucciones ejecutadas en bucle.
    def __init__(self, condicion, bloque):
        self.condicion = condicion
        self.bloque = bloque

class Mostrar:
    # Una instrucción para mostrar un mensaje
    # en salida estándar.
    def __init__(self, mensaje):
        self.mensaje = mensaje
```

Y aquí hay un pequeño "programa" escrito usando estas clases:

```
mostrar_ok = Mostrar('"OK"')
mostrar_ko = Mostrar('"KO"')
alternativa = Si("2 + 2 == 4", mostrar_ok, mostrar_ko)
bloque_alternativa = Bloque()
bloque_alternativa.agregarInstruccion(alternativa)
bucle = MientrasQue(True, bloque_alternativa)
```

Escriba un visitante que pueda recorrer este programa y convertirlo en un programa de Python, como este:

```
> python visitante.py
while True:
   if 2 + 2 == 4:
          print("OK")
   else:
          print("KO")
```

Consejo: no intente resolver todos los problemas a la vez. Al principio, solo preocúpese de mostrar las instrucciones de Python. Seguidamente cuide las tabulaciones.

```
class Visitante:

    def __init__(self):
        # Indica el nivel actual de tabulación.
        self.tabulacion = 0

    def tabular(self, mensaje):
        # Mostrar un mensaje, precedido del número actual
        # de tabulaciones requeridas.
        print("{}{}".format('\t' * self.tabulacion, mensaje))

    def escribirBloque(self, bloque):
        # Se incrementa el nivel de tabulación.
        self.tabulacion += 1
        # Se visita el bloque.
        bloque.acepta(self)
        # Se decrementa el nivel de tabulación.
        self.tabulacion -= 1

    def visitaSi(self, si):
        # Mostrar la instrucción 'if' seguida de su condición.
        self.tabular("if {}:".format(si.condicion))
        # Se escribe el primer bloque.
        self.escribirBloque(si.entonces)
        # Se escribe la palabra clave 'else'
        self.tabular("else:")
        # Se escribe el bloque 'else'.
        self.escribirBloque(si.si_no)

    def visitaMientrasQue(self, mientrasque):
        # Se escribe la instrucción 'while'.
        self.tabular("while {}:".format(mientrasque.condicion))
        # Después se escribe el bloque.
        self.escribirBloque(mientrasque.bloque)

    def visitaMostrar(self, mostrar):
        self.tabular("print({})".format(mostrar.mensaje))

    def visitaBloque(self, bloque):
        # Se visita cada instrucción del bloque.
        for instruccion in bloque.instrucciones:
```

```
            instruccion.acepta(self)

class Visitable:

    def acepta(self, visitante):
        nombre_classe = self.__class__.__name__
        metodo = getattr(visitante, 'visita{}'.format(nombre_clase),
                         'default')
        metodo(self)

# Hacemos heredar de Visitable todas las clases de sintaxis.

visitante = Visitante()
bucle.acepta(visitante)
```

4. Modelo - Vista - Controlador (MVC)

4.1 Presentación

Una vez más, un concepto principal de la POO es la separación de responsabilidades. Cuando estas responsabilidades son numerosas y no están correlacionadas, es esencial abstraer tanto como sea posible las interfaces entre las clases en cuestión. Un ejemplo típico se refiere a las IHM (interfaces hombre-máquina). Imagine un gran proyecto donde cada cambio es costoso en tiempo de prueba e implementación. En este proyecto todo funciona a la perfección: desde los componentes gráficos que muestran la lista de los próximos vuelos para un destino determinado (por ejemplo), hasta la comunicación con los servidores de los aeropuertos, para actualizar esta lista. Desafortunadamente, se descubre un error en el objeto que representa la lista de vuelos y, por lo tanto, debe ser reemplazado por otro contenedor, cuyos métodos de acceso son ligeramente diferentes.

Si alguna vez este software, por funcional que sea, se ha modelado como un monolito, es decir, sin separar responsabilidades, entonces a la fuerza todo se debe volver a probar y desplegar. Mientras que si, como lo propugna el design pattern MVC, los datos y la forma en que se almacenan (el modelo), los componentes de la interfaz gráfica (la vista) y la capa de comunicaciones entre los dos (el controlador) se implementan en módulos separados, solo el módulo en cuestión, por lo tanto, el modelo (el que realmente contiene los datos), debe volver a probarse y desplegarse. Por lo tanto, dividimos aproximadamente la duración de las pruebas entre 3.

Estas tres entidades no son necesariamente clases estrictamente hablando, sino bloques del software:

- El modelo es responsable del almacenamiento y de la actualización de los datos que maneja el software. Podemos imaginarlo como una base de datos de donde extraerán las otras clases, aunque en realidad la información se puede almacenar en contenedores (listas, tablas, diccionarios), en archivos, en un servidor remoto, etc. Lo importante es que, desde un punto de vista exterior al modelo, esta información está disponible a través de una interfaz pública que no debe cambiar con el tiempo, o muy poco. El propósito de esta interfaz es ocultar la implementación del almacenamiento de datos, para que el resto de la aplicación no dependa de ella. Si hay un cambio en la gestión de la base de datos, solo el modelo debería verse afectado. La interfaz gráfica, dado que su función se limita a mostrarse en una pantalla, ni siquiera debería ser impactada por este cambio.
- La vista es responsable de la presentación de los datos del modelo, de acuerdo con ciertos criterios. Una parte del software deberá mostrar los primeros n datos en orden cronológico, mientras que otra parte deberá mostrar toda la información relativa al cliente x. Se supone que una vista presenta los datos reales del modelo, no una copia extraída. La información del modelo debe ser única y servir como valores de referencia en todo el software.

Por tanto, si se modifica un dato, todas las vistas del software deben tener en cuenta este cambio. La vista también es responsable de recopilar las interacciones del usuario, como clics, pulsaciones de teclado, etc. La vista no incluye inteligencia de negocio y no contiene ningún dato: recuperará lo que necesita en el modelo, y si alguna vez una acción del usuario modifica el modelo, delegará la acción en el controlador.

- El controlador es el centralizador de solicitudes de modificación del modelo o de las vistas. Cuando se va a realizar una acción, es al controlador al que hay que solicitarla. Es él quien sincroniza y orquesta el flujo de interacciones del usuario, pero no tiene ninguna responsabilidad respecto al modelo o las vistas. Si una acción debe modificar algo, entonces va a delegar esta acción a la entidad afectada, a través de la interfaz pública, pero en ningún caso impactará directamente en el modelo o la vista.

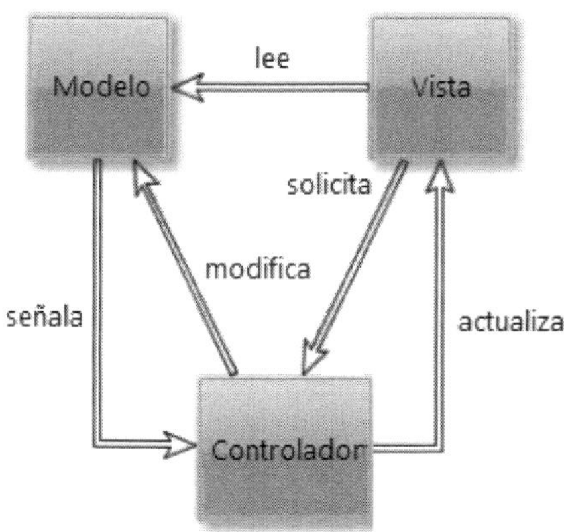

Tomemos el ejemplo del software que muestra los horarios de los vuelos.

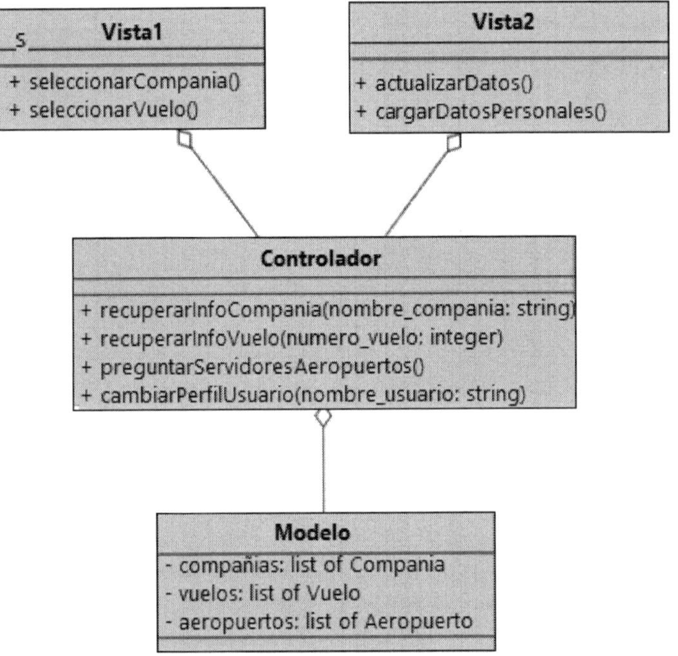

Tenemos dos vistas: una te permite mostrar información de compañías aéreas y vuelos, la otra está más orientada a la "configuración" porque te permite refrescar los datos mostrados y cargar datos de usuario. En sí mismas, estas vistas no hacen nada: en los eventos del usuario (clic de un botón, activación de un menú, etc.), recurren a los métodos correctos del controlador. Es él quien va a realizar directamente el procesamiento, como contactar con los servidores del aeropuerto para actualizar el listado de compañías y vuelos, o bien delegará determinadas acciones que no le conciernen directamente, como agregar o eliminar registros en la base de datos. Para ello, es el modelo quien es el referente: es él quien sabe cuándo y cómo modificar los datos.

Si el pattern MVC es relativamente fácil de entender (solo aplica el principio de separación de responsabilidades), sigue siendo muy importante y se debe tener absolutamente en cuenta al modelar la aplicación. De hecho, esta separación implica diferentes problemas de implementación: ¿cómo podrá el controlador señalar cambios en el modelo a las vistas? ¿Son necesarios varios controladores para evitar tener uno que sea demasiado grande? En cuyo caso, ¿cómo distribuir las vistas entre los controladores? Si el modelo de aplicación es complejo, ¿es mejor tener un solo modelo que incluya todas las entidades en juego y sus relaciones, o es mejor tener un modelo asociado con cada entidad y administrar las relaciones en otros lugares? La etapa de modelado debe tener en cuenta todo esto, y la cuestión de las responsabilidades de cada clase se debe plantear con mucha frecuencia.

4.2 Ejercicio

Enunciado: siguiendo la filosofía MVC, escriba un programa que lea dos líneas en la entrada estándar, las convierta a mayúsculas y las escriba en un archivo. Tenga en cuenta que para beneficiarse plenamente de las ventajas del design pattern MVC, los atributos, en particular los del modelo, se deben encapsular.

Solución:

```
import sys

# La vista se encarga de recuperar la acción del usuario
# que consiste en escribir una línea de texto en la entrada estándar.
class Vista:
    def entrada(self):
        return sys.stdin.readline()

# El controlador hace el enlace entre la vista y el modelo,
# realizando el procesamiento de datos.
class Controlador:

    # El controlador pide a la vista que recupere una cadena
    # en la entrada estándar, y luego solicita al modelo
    # que la almacene.
    def almacenarEntrada(self):
        cadena = vista.entrada()
        modelo.agregar(cadena.upper())
```

```
    # El controlador recupera las cadenas del modelo
    # y las escribirá en un archivo.
    def guardarCadenas(self):
        cadenas = modelo.recuperarCadenas()
        with open('test.txt', 'w') as f:
            for cadena in cadenas:
                f.write(cadena)

# El modelo se encarga de la gestión de los datos.
class Modelo:
    def __init__(self):
        self.cadenas = []

    # Añade una cadena a la lista.
    def agregar(self, cadena):
        self.cadenas.append(cadena)

    # Devuelve la lista de cadenas.
    def recuperarCadenas():
        return self.cadenas

# Los actores MVC son globales en este ejemplo...
vista = Vista ()
controlador = Controlador()
modelo = Modelo()
# Vamos a recuperar dos líneas de la entrada estándar.
for _ in range(2):
    controlador.almacenarEntrada()
# Después las guardamos en un archivo.
controlador.guardarCadenas()
```

Lo que durante la ejecución de este programa, da lo siguiente:

```
> python visitante.py
qwe
asd
> cat test.txt
QWE
ASD
```

Enunciado: ahora, las líneas ya no deberían leerse en la entrada estándar, sino en un archivo que se pasa como argumento en el constructor de la vista; el modelo, mientras tanto, ya no debería almacenarlas en una lista, sino delegar este almacenamiento a una clase anidada `ListaCadena`, que usará una lista.

Solución:

```
class Vista:
    def __init__(self, nombre_archivo):
        self.archivo = open(nombre_archivo, 'r')

    def __del__(self):
        self.archivo.close()

    def entrada(self):
        return self.archivo.readline()

# Controlador inalterado.

class Modelo:

    class ListaCadena:
        def __init__(self):
            self.cadenas = []

        def guardar(self, cadena):
            self.cadenas.append(cadena)

        def cargar(self):
            return self.cadenas

    def __init__(self):
        self.lista = Modelo.ListaCadena()

    def agregar(self, cadena):
        self.lista.guardar(cadena)

    def recuperarCadenas(self):
        return self.lista.cargar()

vista = Vista('mvc2.py')
# Resto del programa inalterado.
```

Gracias al design pattern MVC, solo se cambiaron las partes que necesitaban un cambio real, es decir, la vista y el modelo. El controlador no ha cambiado y aún funciona:

```
> python visitante.py
> cat test.txt
IMPORT SYS
```

5. Abstract Factory

5.1 Presentación

La noción de dispatch (enlace) dinámico es omnipresente en la programación orientada a objetos y una gran parte de los design patterns son aplicaciones del mismo. El design pattern Visitante, por ejemplo, muestra la utilidad de un doble dispatch. Abstract Factory (fábrica abstracta), por su parte, aplica el método del dispatch a la construcción de los objetos.

Pero antes de describir Abstract Factory, hablemos de Factory. Aunque estos dos términos a menudo se usan indistintamente, originalmente existe una diferencia. El término «fábrica» designa cualquier método, cualquier patrón basado en la idea de abstraer la creación de objetos. Sin embargo, conoce una fábrica: el singleton, que delega la instanciación a un método que verifica si la clase aún no ha sido instanciada. La idea de fábrica es separar la responsabilidad por el uso de un objeto y la de su creación.

Imagínese por ejemplo una pieza de software encargada de hacer la interfaz entre un documento y varias impresoras que funcionan de manera diferente. Es deseable que la interfaz vista por el documento sea la misma, independientemente de la impresora de destino: no importa cómo, no importa la impresora, el objetivo es que el documento se imprima. Para hacer esto, nada podría ser más simple: solo necesita tener una clase abstracta `Impresora` y representar cada impresora por una clase que herede de ella.

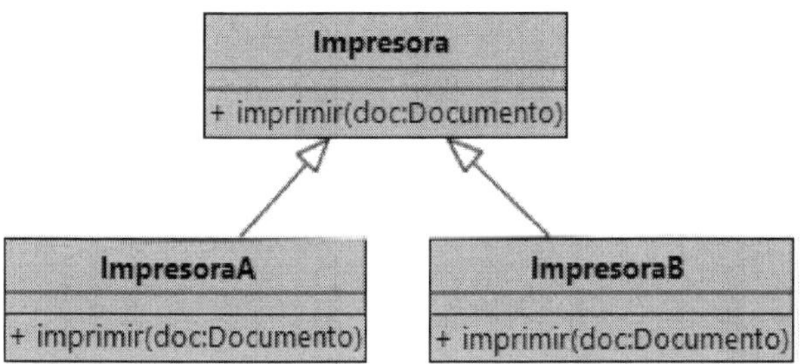

El problema es que no queremos permitir que el cliente cree el objeto `ImpresoraA` o `ImpresoraB`. Idealmente, saber cuál es el objeto exacto debería ser solo un detalle de implementación; lo que uno quisiera sería tener una función que creara el objeto adaptado, en función del resto de elementos. Si, por ejemplo, el usuario tiene una lista de nombres de impresoras:

```
impresora = recuperar_impresora("printer_427")
impresora.imprimir(mi_documento)
```

Esta hipotética función, `recuperar_impresora`, es un método de fábrica: es responsable de la creación del objeto. Siempre con el objetivo de separar responsabilidades, si alguna vez una parte de la aplicación no está segura de saber o no puede saber cómo crear la instancia correcta de dicha clase, entonces debe preguntarle a un objeto que tiene la responsabilidad de crearla. Este es exactamente el caso aquí: la responsabilidad del código cuando se trata de enviar un documento a la impresión, no es instanciar una impresora, sino solo enviar el documento allí. Por lo tanto, la responsabilidad de la creación se delega al método de fábric `recuperar_impresora()`.

Una fábrica abstracta se basa en esta misma lógica, pero a través de una jerarquía de clases.

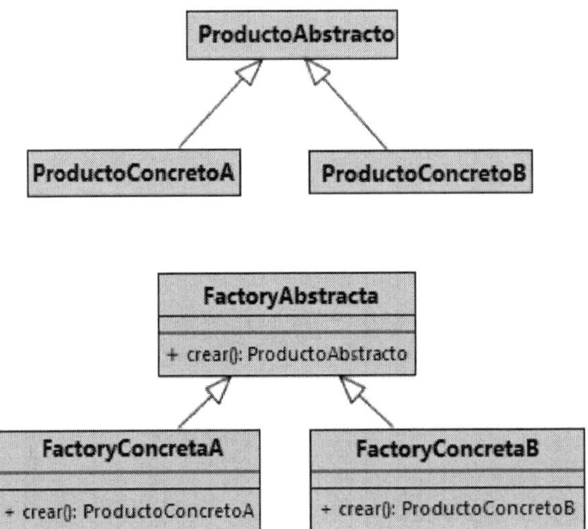

Imaginemos el código de un videojuego, en el que se definen varias interfaces, como `DiarioDeAbordo` o `Representacion`. Cada una admite varias implementaciones, correspondientes a los diferentes modos de ejecución del juego, como Debug o Release. Para simplificar la creación de estos diferentes objetos, podemos definir una fábrica llamada `ModoDeJuego`:

```
class ModoDeJuego:

    # Método de creación de un DiarioDeAbordo.
    def crear_diario(self):
        pass

    # Método de creación de una Representacion.
    def crear_representacion(self):
        pass
```

Entonces todo lo que tiene que hacer es implementar clases derivadas de esta fábrica según sea necesario.

```
# Factory especializada para el modo de ejecución Debug.
class ModoDebug(ModoDeJuego):

    # Método de creación de un DiarioDeAbordo
    # dedicado al modo Debug.
    def crear_diario(self):
        return DiarioDebug()

    # Método de creación de una Representacion
    # dedicada al modo Debug.
    def crear_representacion(self):
        return RepresentacionDebug()

class ModoRelease(ModoDeJuego):

    # Método de creación de un DiarioDeAbordo
    # dedicado al modo Release.
    def crear_diario(self):
        return DiarioRelease()

    # Método de creación de una Representación
    # dedicada al modo Release.
    def crear_representacion(self):
        return RepresentacionRelease()
```

Cuando se inicializa el juego, lo único que tiene que hacer es crear el `ModoDeJuego` deseado y pasarlo al resto del código: la creación de las instancias deseadas de `DiarioDeAbordo` y `Representacion` se ocultará detrás de la abstracción que es `ModoDeJuego`. Así, los diferentes módulos del juego no tendrán que saber en qué modo se encuentra el juego: confiarán en la instancia de `ModoDeJuego` que creará los objetos adecuados para ellos.

5.2 Ejercicio

Enunciado: Implementar un programa que factura productos por valor de 100, aplicando el IVA correcto, adaptado en función del tipo de producto alimentación o servicios.

Comportamiento esperado:

```
producto = Producto(Naturaleza.ALIMENTARIA) # IVA 5,5%
precio_neto = FabricaFactura.crear(producto).facturar()
print(precio_neto)
# 105.5

producto = Producto(Naturaleza.SERVICIO) # IVA 20%
precio_neto = FabricaFactura.crear(producto).facturar()
print(precio_neto)
# 120
```

Solución:

Comencemos por definir qué es un producto, usando una enumeración para capturar su naturaleza, como se presenta en el capítulo Los conceptos de la POO con Python:

```
from enum import Enum

class Naturaleza(Enum):
    ALIMENTARIA = 1
    SERVICIO = 2

class Producto:
    def __init__(self, naturaleza):
        self.naturaleza = naturaleza
        self.precio_bruto = 100
```

Como su nombre indica, `FabricaFactura` es una fábrica que permite crear los objetos `Factura`. Sin embargo, dado que la tasa de IVA es diferente según el el tipo de producto, es necesario crear dos clases de facturación diferentes: una para productos alimenticios y otra para servicios. El método `facturar()` no toma ningún parámetro, por lo que es en el momento de la instanciación cuando es recomendable pasar el precio del producto como argumento. Al ser estas dos clases facturas especializadas, podemos hacer que hereden de una clase abstracta, como se presentó en el capítulo anterior:

```
from abc import ABCMeta, abstractmethod

class FacturaProducto(metaclass=ABCMeta):
    def __init__(self, precio_bruto):
        self.precio_bruto = precio_bruto

    @abstractmethod
    def facturar(self):
        pass

class FacturaAlimentaria(FacturaProducto):
    def facturar(self):
        return self.precio_bruto * 1.055

class FacturaServicio(FacturaProducto):
    def facturar(self):
        return self.precio_bruto * 1.2
```

La fábrica, por su parte, se encarga de instanciar la clase de facturación correspondiente a la naturaleza del producto:

```
class FabricaFactura:
    def crear(producto):
        precio_bruto = producto.precio_bruto
        match_producto.naturaleza:
          case Naturalrea.ALIMENTARIA:
              return FacturaAlimentaria(precio_bruto),
          case Naturaleza.SERVICIO:
              return FacturaServicio(precio_bruto) }
        return "Naturaleza desconocida")
```

La fábrica tiene la ventaja de encapsular los detalles de implementación, lo que permite exponer una interfaz muy sencilla para poder facturar un producto. De hecho, a la hora de facturar no se llama ni a la naturaleza del producto, ni a su precio: todo está oculto en el método `crear()`. No tener que preocuparse por los miembros de una clase, facilita mucho su manipulación.

Capítulo 6
Ir más lejos con Python

1. Introducción

El lenguaje Python tiene una librería estándar bien provista, que permite aligerar y simplificar el código sobre el procesamiento de tipos base, tipos complejos, procedimientos, etc.

Pero los intérpretes de Python llevan el concepto un paso más allá y llegan a integrar una gran variedad de librerías adicionales. Esta integración en el lenguaje base, permite realizar el despliegue de una aplicación mucho más rápido y también elimina el riesgo de incompatibilidad entre el lenguaje y una de estas librerías.

Estas librerías nativas permiten responder a las necesidades más habituales de un programa, cuyas interacciones con el exterior se multiplican (red, archivos, interfaz de usuario, etc.).

En este capítulo, discutiremos el uso de algunas de las librerías más utilizadas.

2. XML

2.1 Presentación

Utilizado tanto como soporte para protocolos de comunicación como para el almacenamiento de datos, el lenguaje XML es omnipresente en la informática moderna. Ofrece numerosas e indiscutibles ventajas que lo convierten en un formato muy popular (durabilidad, interoperabilidad, jerarquización de datos, establecimiento de una gramática, etc.). Es muy probable que un desarrollador, Python u otro, tarde o temprano se encuentre manipulando archivos XML en una aplicación.

Hay dos métodos principales para procesar archivos XML:

- Poner completamente en memoria el archivo XML destino. Una vez en memoria, los datos, generalmente representados por una estructura de árbol, se pueden recorrer libremente utilizando los métodos adecuados. Esta técnica de tratamiento de archivos XML se denomina DOM (*Document Object Model*). DOM implica un uso de memoria proporcional al tamaño del archivo XML, ya que este se lee y se carga por completo. Esto le permite modificar fácil y directamente una parte específica de un archivo XML, pero en el caso de archivos demasiado grandes, la ocupación de memoria limitará su uso.
- Leer en un flujo continuo el archivo sin almacenar nada y realizar el procesamiento a medida que se lee. Es posible que este método no sea adecuado si alguna vez se necesita examinar el archivo XML de forma no lineal. Este método se llama SAX (*Simple API for XML*). Al no almacenar el archivo en la memoria, le permite leer los flujos de archivos XML de cualquier tamaño, pero a costa de un procesamiento más complejo en caso de modificación de un segmento del archivo.

2.2 DOM

2.2.1 Lectura

Los intérpretes de Python tienen una implementación de analizador DOM llamada `minidom`. Esta permite implementar muy rápidamente la lectura de un archivo XML.

Tomemos una implementación de ejemplo de este módulo, leyendo el siguiente contenido XML:

```
<Coche nombre='delorean'>
  <Propietario>Emmett Brown</Propietario>
  <Equipamientos>
    <Equipamiento tipo='Convector temporal' />
    <Equipamiento tipo='Generador de fisión' />
  </Equipamientos>
</Coche>
```

El primer paso será pedir al módulo `minidom` que analice el XML para poder establecer un modelo en memoria. Este paso se realizará utilizando un método `parse()`, que analiza el contenido XML a partir de un archivo o de un método `parseString()`, que hace lo mismo a partir de una cadena de caracteres:

```
# Cambiar este import en parseString en función de las necesidades.
from xml.dom.minidom import parse

# Análisis del archivo dado y asignación del resultado
# en una variable.
mi_XML = parse('coche.xml')
```

En esta etapa, el contenido XML está en la memoria, listo para ser analizado. Hay dos enfoques principales para recuperar los datos XML que provienen de este analizador DOM. Por supuesto, estos métodos no son exclusivos y se pueden mezclar según sea necesario.

2.2.2 Método mediante acceso directo

Este método permite el acceso directo a elementos XML específicos. A continuación, un ejemplo con el acceso al elemento `Equipamiento`:

```
# Importar el método parse().
from xml.dom.minidom import parse

# Analizar el archivo XML.
mi_XML = parse('coche.xml')

# Recuperación en una lista de los elementos XML
# cuya etiqueta se llama 'Equipamiento'.
lista_de_los_equipamientos = mi_XML.getElementsByTagName('Equipamiento')

# Recorrido de esta lista.
for equipamiento in lista_de_los_equipamientos:
    # Mostrar el atributo 'tipo' del equipamiento en cuestión.
    print(equipamiento.getAttribute('tipo'))
```

Gracias al acceso directo, el tiempo de recorrido del árbol es constante, sea cual sea el tamaño del árbol: sabemos a dónde vamos y cómo llegar allí, por lo que no es necesario navegar por todas las ramas en busca del elemento o elementos deseados.

2.2.3 Método mediante análisis jerárquico

Este método se basa en el principio de un análisis del contenido XML mediante sucesivos exámenes de su jerarquía, es decir, de los hijos, hermanos y padres de los nodos que componen el árbol XML. Así como nos desviamos en ramales sucesivos para encontrar nuestro destino sin GPS y sin mapa, el análisis jerárquico recorre los distintos nodos del árbol, retrocediendo si se encuentra en un callejón sin salida. Sin embargo, es posible evitar desvíos innecesarios probando la ruta que va a tomar. Si no es adecuada, no se recorre y así ahorramos tiempo.

```
from xml.dom.minidom import parse

# Análisis del archivo XML.
mi_XML = parse('coche.xml')
# Recuperación de la raíz del árbol,
# es decir, del primer nodo.
raiz_del_XML = mi_XML.childNodes[0]
```

```
# A partir de este nodo, se puede leer el atributo 'nombre'...
nombre_coche = raiz_del_XML.getAttribute('nombre')
# ... y se visualiza.
print(nombre_coche)
>>> delorean

# Se recuperan los hijos del nodo raíz.
lista_de_los_hijos = raiz_del_XML.childNodes
# Recorremos estos hijos.
for hijos in lista_de_los_hijos:
    # Nos aseguramos de que el nodo sea un elemento y no
    # algo más, como un comentario o contenido.
    if hijos.ELEMENT_NODE != hijos.nodeType:
        continue
     # Si el nodo lleva el nombre 'Propietario'...
    if 'Propietario' == hijos.nodeName:
        # ... se recupera el primer hijo, es decir, el nodo
        # que representa el texto.
        nombre = hijos.firstChild
        # Comprobamos que el nodo existe y, si efectivamente es un
        # nodo de tipo TEXT_NODE, es decir, texto escrito
        # entre una etiqueta de apertura y una etiqueta de cierre ...
        if None != nombre and nombre.TEXT_NODE == nombre.nodeType:
            # ... se muestra el texto del nodo.
            print(nombre.data) # (1)
    # Si el nodo tiene el nombre 'Equipamientos'...
    elif 'Equipamientos' == hijos.nodeName:
        # ... se recuperan los hijos de este nodo.
        lista_de_los_equipamientos = hijos.childNodes
        # Se recorren estos hijos.
        for equipamiento in lista_de_los_equipamientos:
            # Se asegura que se trata de un ELEMENT_NODE.
            if equipamiento.ELEMENT_NODE != equipamiento.nodeType:
                continue
            # Si el nodo tiene el nombre 'Equipamiento'...
            if 'Equipamiento' == equipamiento.nodeName:
                # ... se recupera el atributo llamado 'tipo'...
                tipo = equipamiento.getAttribute('tipo')
                # ... y lo mostramos.
                print(tipo) # (2)

>>> Emmett Brown    # (1)
Convector temporal # (2)
Generador de fisión
```

2.2.4 Escritura

Además de las herramientas para leer archivos XML, el módulo `minidom` también tiene con qué guardar datos (también decimos, serializarlos). En el caso de un archivo XML ya en memoria, la operación se puede realizar de manera muy sencilla mediante un método de generación de una cadena de caracteres propuesto por `minidom`. A continuación se muestra un ejemplo, en el que se abre un archivo XML y se modifica un elemento para volver a generarlo como una cadena de caracteres.

```
from xml.dom.minidom import parse

# Análisis del archivo XML.
mi_XML = parse('coche.xml')

# Recuperación del nodo 'Propietario'
propietario = mi_XML.getElementsByTagName('Propietario')

# Modificación del texto del primer (y único) hijo.
propietario[0].firstChild.data = 'Doc Emmett Brown'

# Visualización del nuevo contenido XML 'limpio'
# (con indentaciones y retornos de línea).
print(mi_XML.toprettyxml())
>>> <?xml version="1.0" ?>
<Coche nombre="delorean">

    <Propietario>Doc Emmett Brown</Propietario> # El nombre se ha
                                                # cambiado bien.

    <Equipamientos>

           <Equipamiento tipo="Convector temporal"/>

           <Equipamiento tipo="Generador de fisión"/>

    </Equipamientos>
</Coche>
```

El otro método, muy práctico, le permite pasar directamente a través de un descriptor de archivo para que el contenido XML se escriba en un archivo, en lugar de en una cadena de caracteres. Aquí hay una repetición del ejemplo anterior, donde se modifica el contenido XML y luego se escribe en su archivo original que se elimina.

```
from xml.dom.minidom import parse
import sys

ruta_del_archivo = 'coche.xml'

# Análisis del archivo XML.
mi_XML = parse(ruta_del_archivo)

# Recuperación del nodo 'Propietario'.
propietario = mi_XML.getElementsByTagName('Propietario')

# Modificación del texto del primer (y único) hijo.
propietario[0].firstChild.data = 'Doc Emmett Brown'

try:
    # Apertura del archivo en modo escritura.
    archivo_XML = open(ruta_del_archivo, 'w') # 'w' para poder
escribir
    # Escritura del nuevo contenido XML
    mi_XML.writexml(archivo_XML)
    # Cierre del archivo.
    archivo_XML.close()
except
    print('Error: ', sys.exc_info()[0])
```

2.3 SAX

2.3.1 Lectura

El otro método de tratamiento de archivos XML, SAX, también es objeto de un módulo integrado por defecto en los intérpretes de Python. Este método se basa en una gestión mediante eventos de la lectura de un contenido XML: cada vez que se lee un elemento XML, se llama a un método. La implementación se realiza a través de la clase `ContentHandler`, que es necesario heredar para sobrecargar los métodos relacionados con los eventos de lectura. Esta clase `ContentHandler` contiene una lista de métodos que serán llamados por el módulo SAX, dependiendo del tipo de elemento actual que se tiene que analizar.

Por ejemplo, cuando el analizador SAX detecta un elemento de apertura, llama al método `startElement()`; cuando detecta un elemento de cierre, llama a `endElement()`, etc.

En el siguiente ejemplo, muy sencillo, la sobrecarga del método `startElement()`, permite recuperar los eventos de detección de un nuevo elemento XML con sus atributos. La sobrecarga del método `characters()` permite, por su parte, recuperar las secciones de texto de un árbol XML. Este evento se llama para todos los caracteres presentes, en el exterior y en los elementos, por lo que es necesario filtrar para eliminar las cadenas vacías. Hecho esto, es necesario pasar al analizador SAX, la ruta de acceso al archivo XML, así como la implementación de un gestor de contenidos.

```
import xml.sax

# Especialización de la clase ContentHandler encargada
# llamar a algunos métodos basados en el elemento XML
# analizado actualmente.
class MiHandlerSAX(xml.sax.ContentHandler):

    # Método llamado al abrir una etiqueta XML.
    # Los parámetros son el nombre de la etiqueta y la lista
    # de sus atributos.
    def startElement(self, name, attrs):
        # Se muestra el nombre.
        print('Element', name)
        # Para cada atributo...
        for (clave, valor) in attrs.items():
```

```
            # ... se muestra su nombre y su valor.
            print('  Atributo :', clave, "=", valor)

    # Método llamado cuando el analizador está en un elemento de
    # texto comprendido entre una etiqueta de apertura y su contraparte
    # de cierre. El parámetro es el texto en cuestión.
    def characters(self, content):
       # strip () permite eliminar los caracteres en blanco al principio
        # y al final de una cadena. Si, una vez que se eliminan estos,
        # espacios en blanco la cadena no está vacía ...
        if content.strip():
            # ... la mostramos.
            print("  Texto :", content)

# Instanciación de la clase ContentHandler personalizada
# en función de las necesidades.
mi_handler = MiHandlerSAX()
# Análisis del archivo XML.
xml.sax.parse('coche.xml', mi_handler)
>>> Element Coche
  Atributo : nombre = delorean
Element Propietario
  Texto : Emmett Brown
Element Equipamientos
Element Equipamiento
  Atributo : tipo = Convector temporal
Element Equipamiento
  Atributo : tipo = Generador de fisión
```

2.3.2 Escritura

No hay una clase para escribir contenido XML desde una jerarquía de clases. Sin embargo, el design pattern visitante puede funcionar muy bien con un código mínimo:

```
# Definición de una clase abstracta para poder visitar
# los diferentes objetos a serializar en XML.
class Visitable:
    def acepta(self, visitante):
        nombre_metodo = 'visita' + self.__class__.__name__
        metodo = getattr(visitante, nombre_metodo, 'default')
        return metodo(self)

# Propietario del vehículo, visitable y que contiene solo el nombre.
class Propietario(Visitable):
    def __init__(self, nombre):
        self.nombre = nombre
```

```
# Un equipamiento del vehículo, visitable y que solo contiene
# el tipo de equipamiento.
class Equipamiento(Visitable):
    def __init__(self, tipo):
        self.tipo = tipo

# Coche, visitable y conteniendo su nombre, su propietario
# y una lista de equipamientos.
class Coche(Visitable):
    def __init__(self, nombre):
        self.nombre = nombre
        self.propietario = Propietario('Emmett Brown')
        self.equipamientos = [Equipamiento('Convector temporal'), \
                              Equipamiento('Generador de fisión')]


class VisitanteXML:
    # Método de visita de un Coche.
    def visitaCoche(self, coche):
        # Se escribe la etiqueta XML de apertura
        # así como el atributo 'nombre'.
        print("<Coche nombre='{}'>".format(coche.nombre))
        # Se visita el propietario.
        coche.propietario.acepta(self)
        # Se escribe la etiqueta XML de apertura de los equipamientos.
        print("<Equipamientos>")
        # Se recorren los equipamientos del coche...
        for equipamiento in coche.equipamientos:
            # ... y los visita.
            equipamiento.acepta(self)
        # Se cierran las etiquetas XML que se han abierto.
        print("</Equipamientos>")
        print("</Coche>")

    # Método de visita de un propietario.
    def visitaPropietario(self, propietario):
        # Escribimos la etiqueta XML correspondiente,
        # con el nombre del propietario como contenido textual.
        print("<Propietario>{}</Propietario>".format(propietario.nombre))

    # Método de visita de un equipamiento.
    def visitaEquipamiento(self, equipamiento):
        # Escribimos la etiqueta XML correspondiente,
        # con el tipo de equipamiento como atributo.
        print("<Equipamiento tipo='{}' />".format(equipamiento.tipo))

# Creación del visitante.
visitante = VisitanteXML()
# Creación del Coche, objeto a visitar.
```

```
delorean = Coche('delorean')
# Inicio de la visita.
delorean.acepta(visitante)
```

3. JSON

JSON (*JavaScript Object Notation*) es un formato de intercambio de datos bastante minimalista, que se inspira, como su nombre indica, en la forma en que se representan los objetos en JavaScript:

```
var coche = {
  modelo : "Delorean",
  propietario : "Emmett Brown",
  equipamientos : [{ equipamiento : { tipo : "Convector temporal" } },
                   { equipamiento : { tipo : "Generador de fisión" } }]
}
```

El JSON, aunque tiene menos poder de expresión, es extremadamente útil para transmitir información "simple" como cadenas de caracteres, números enteros, tablas, etc. Elegir este formato puede ser aún más juicioso si tiene que ser leído por un sitio web que ha sido escrito o utiliza JavaScript, porque la transformación de estos datos en un objeto JavaScript es casi instantánea, ya que usa la misma notación que un objeto declarado por un desarrollador. Mientras que en XML debe analizar y transformar los datos, lo que requiere más tiempo de procesamiento.

Los casos de uso más frecuentes son la serialización de objetos Python en formato JSON y la deserialización de datos JSON en objetos Python. Python tiene por defecto un modulo llamado *json* que le permite realizar estas transformaciones en tipos básicos como cadenas de caracteres, diccionarios, valores booleanos, etc.

```
import json

json.dumps([1, "Dos", None, True, {11: "Once"}]) # Escritura de
la tabla en JSON
>>> '[1, "Dos", null, true, {"11": "Once"}]' # 'None' -> 'null',
'True' -> 'true', y la clave 11 es una string
json.loads('[1, "Dos", null, true, {"11": "Once"}]') # Lectura del
JSON en objetos Python
>>> [1, "Dos", None, True, {11: "Once"}] # Encontramos None,
True y 11 como entero
```

Estos dos métodos, dumps y loads (literalmente "volcados" y "cargas"), son los responsables de asegurar la equivalencia de los tipos básicos de un mundo a otro, en ambas direcciones. Pero, ¿qué pasa con un tipo más complejo, como un objeto?

```
import json

class Pais:
   pass

pais = Pais()
pais.nombre = "España"
pais.capital = "Madrid"
print(json.dumps(pais))
>>> [...] # Pila de llamadas
TypeError: Object of type Pais is not JSON serializable
```

Un objeto no se puede serializar en JSON a través del método dumps. Para ello, debe crear un objeto encoder, que será el responsable:

```
# Todo encoder JSON debe heredar de JSONEncoder
class PaisEncoder(json.JSONEncoder):
   # No es el método 'encode' el que está sobrecargado,
   # sino este, cuyo objetivo es devolver un tipo básico
   # serializable (aquí, un diccionario).
   def default(self, objeto):
       # Es una buena práctica que un encoder solo sea responsable
       # del procesado de un único tipo de objeto.
       if isinstance(objeto, Pais):
           return objeto.__dict__
       else:
           # Dejamos que la clase base se encargue de desencadenar
           # el error adecuado.
           return json.JSONEncoder.default(self, objeto)

print(PaisEncoder().encode(pais))
>>> {"nom": "España", "capital": "Madrid"}
```

No hay ningún método en la librería *json* que le permita crear un objeto Python a partir de una cadena JSON. Por otro lado, el método `loads` le permiten generar un diccionario a partir de una cadena JSON. Dado que los atributos de un objeto Python se almacenan en un diccionario, basta con asignar el valor devuelto mediante una llamada al método `loads`, para obtener un objeto cuyas propiedades se correspondan con la información contenida en el JSON:

```
pais = Pais()
pais.__dict__ = json.loads('{"nombre": "Ghana", "capital": "Accra"}')
print(pais.nombre)
print(pais.capital)
>>> Ghana
Acra
```

4. IHM

4.1 Tkinter

Hay una gran variedad de librerías en Python para desarrollar aplicaciones con interfaces gráficas. De hecho, las herramientas de creación de IHM más conocidas ofrecen una adaptación de su código a través para su uso en Python. Presente por defecto en casi todas las instalaciones de Python, la librería Tkinter es bastante minimalista y dispone de una representación gráfica bastante austera, teniendo en cuenta lo que se hace hoy día.

4.1.1 Creación de una ventana

Comencemos simplemente creando una ventana gráfica vacía, para una aplicación basada en una IHM.

Por supuesto, el punto de partida será la importación del módulo `Tkinter`. El componente gráfico (o widget) que puede contener otros se llama frame. Por lo tanto, es un **frame** lo que es necesario instanciar para obtener una ventana gráfica:

```
from tkinter import Frame
mi_ventana = Frame()
```

```
# Lanzamiento del bucle principal del IHM.
mi_ventana.mainloop()
```

Para un resultado más refinado:

La llamada del bucle principal de IHM es una llamada de bloqueo, es decir, la siguiente línea de código no se ejecutará hasta que se cierre la ventana. Este bloqueo permite a Tkinter tomar el control de la ejecución del proceso, para darle a la aplicación su carácter de orientación a eventos y esperar a que suceda algo para realizar el procesamiento (un clic en la cruz de cierre de la ventana, por ejemplo).

Es hora de personalizar aún más esta ventana. Para controlar mejor los aspectos de la ventana principal de la aplicación, es necesaria la creación de una clase heredada de `Frame`. De hecho, en lugar de cambiar los atributos del frame, también puede modificarlos directamente en el constructor. La ventaja es que, si alguna vez tiene que crear una segunda ventana (para mostrar las opciones del software, por ejemplo), ya tendrá los mismos atributos que la primera, lo que hace que la IHM sea más homogénea y, por lo tanto, menos molesta para el usuario.

```
from tkinter import Frame

class MiVentana(Frame):
    # Cada widget tiene un primer parámetro de constructor
    # que es su widget 'maestro', es decir, el que lo
    # contiene. Si no se especifica este parámetro, y si el
    # widget en cuestión es un frame, entonces este estará
    # contenido automáticamente en la ventana de la aplicación.
    def __init__(self, master = None):
```

```
        # Llamamos al constructor de la clase madre
        # de MiVentana, es decir, Frame. Además del widget maestro,
        # especificamos las dimensiones de la ventana, es decir, un
        # ancho de 320 píxeles y un alto de 240.
        super(MiVentana, self).__init__(master, width=320,
                                        height=240)

        # La ventana que contiene el frame está referenciada por
        # el atributo master. Entonces es él el que debe usar
        # para modificar el título de la ventana mostrada
        # por el sistema operativo.
        self.master.title ("Mi Aplicación gráfica")

        # pack() permite consolidar la geometría del frame
        # en la ventana. Sin esta llamada, el dimensionamiento
        # dado en el constructor de Frame no tendría lugar.
        self.pack()

mi_ventana = MiVentana()
mi_ventana.mainloop()
```

Este es el resultado:

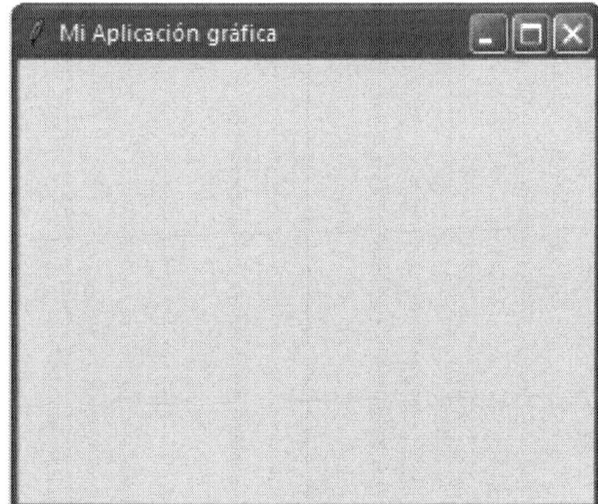

Ahora que el contenedor principal está en su lugar y personalizado, es hora de agregarle otros widgets para poder manipular esta interfaz gráfica.

4.1.2 Añadir widgets

Tkinter tiene veinte widgets estándar, que van desde el menú desplegable hasta el botón, pasando por el campo de edición de texto. Esto es suficiente para interfaces gráficas relativamente básicas. Sin embargo, si el diseño visual de la aplicación requiere controles más complejos o personalizados, Tkinter se puede ver limitado para tal necesidad.

Antes de agregar un widget, debe saber cómo se almacenará, en un sentido gráfico. Es decir, a quién pertenecerá. La clase `Frame` utilizada en el ejemplo anterior de creación de una ventana, forma parte de la familia de widgets contenedores, aquellos que pueden almacenar otros widgets. Por lo tanto, podemos tomar este código y agregarle widgets directamente.

La aplicación que se codificará en esta sección, es un conversor de grados Celsius/grados Fahrenheit, que utiliza controles deslizantes horizontales.

```
from tkinter import Frame, Label, Scale
from tkinter import LEFT, HORIZONTAL

class MiVentana(Frame):
    def __init__(self, master=None):
        super(MiVentana, self).__init__(master)
        self.master.title("Conversor C <-> F")
        self.pack()

    def initWidgets(self):
        # Declaración de una etiqueta que muestra el texto 'F'.
        # El primer argumento es el widget 'padre'
        # que contendrá esta etiqueta, es decir, self,
        # el frame principal.
        self.FTexto = Etiqueta (self, text = 'F')

        # Declaración de un cursor que mostrará los grados
        # Fahrenheit. Los parámetros llamados del constructor
        # permiten personalizar el widget: su orientación
        # es horizontal y los valores que recorre van
        # de -148 a 212.
        self.FCursor = Scale(self, orient=HORIZONTAL, from_=-148,
                          to=212)

        # Idem aquí para los grados Celsius.
        self.CTexto = Label(self, text='C')
        self.CCursor = Scale(self, orient=HORIZONTAL, from_=-100,
                          to=100)
```

```
        # Creamos una lista de widgets sobre la que hacemos un bucle ...
        for widget in [self.CTexto, self.CCursor, self.FTexto,
                       self.FCursor]:
            # El widget actual está "pegado" a la izquierda
            # en la ventana de la aplicación.
            widget.pack(side=LEFT)

# Instanciación de la ventana.
mi_ventana = MiVentana()
# Inicialización de los widgets.
mi_ventana.initWidgets()
# Lanzamiento del bucle principal.
mi_ventana.mainloop()
```

Este es el resultado de la ejecución del código:

4.1.3 Gestión de los eventos

Por supuesto, una IHM no es estática: debe reaccionar a las acciones del usuario. Se ha dicho que `mainloop()` es una llamada de bloqueo, porque Tkinter espera eventos. Estos eventos son precisamente las diferentes acciones que pueden registrar los widgets, a saber, un movimiento del ratón, un clic, una entrada de teclado, etc.

En este ejemplo, los eventos principales son el deslizamiento de cursores. De hecho, para tener una aplicación reactiva, el hecho de mover un cursor debe modificar automáticamente el valor indicado por el otro cursor. En Tkinter, los cursores declaran un evento llamado `command`, al que podemos asociar una función o un método. Esta asociación entre acción y método, se realiza en el constructor. Evidentemente, cada widget ofrece diferentes eventos, cuya activación desencadenará la llamada de un método, como un clic en el botón derecho, un doble clic, el hecho de que el cursor del ratón salga del widget, etc.

Entonces, en el método que inicializa los widgets a mostrar, debemos agregar esta asociación entre el evento `command` y el método que se encargará de calcular la conversión y de actualizar el otro cursor en consecuencia.

```
class MiVentana(Frame):
    # Constructor inalterado...

    def initWidgets(self):
        self.FTexto = Label(self, text='F')
        # En el constructor del cursor, asignamos
        # al evento command el método convertirFEnC().
        self.FCursor = Scale(self, orient=HORIZONTAL, from_=-148,
                             to=212, command=self.convertirFEnC)

        # Idem aquí para los grados Celsius.
        self.CCursor = Scale(self, orient=HORIZONTAL, from_=-100,
                             to=100, command=self.convertirCEnF)

        # Añadir los widgets inalterados...

    # Método llamado cuando el cursor de grados Celsius
    # se ha movido. Calcula la equivalencia en grados Fahrenheit
    # y modifica el valor del cursor de esta escala de
    # grados en consecuencia.
    def convertirCEnF(self, valor):
        C = float(valor)
        F = C * 9/5 + 32
        self.FCursor.set(F)

    # Como convertirCEnF(), pero en el sentido opuesto
    # de conversión de escalas de grados.
    def convertirFEnC(self, valor):
        F = float(valor)
        C = (F - 32) * 5/9
        self.CCursor.set(C)
```

A partir de ahora, mover un cursor activará la llamada al método de conversión y modificará el valor del otro cursor:

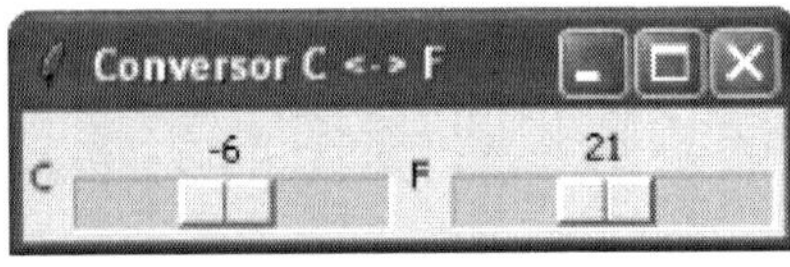

4.2 Qt

4.2.1 Presentación

Qt es un framework extremadamente completo desarrollado por Digia, una empresa finlandesa. Incluye componentes para gestionar eventos, internacionalización, multimedia, red, así como para crear interfaces gráficas. Las posibilidades de las IHM producidas por Qt son numerosas: integración de widgets clásicos como botones, tablas, menús desplegables, etc., gestión de clic y arrastrar, fácil implementación del design pattern Modelo - Vista - Controlador, visualización 3D, animación 2D, manipulación de imágenes, etc.

Qt es una librería desarrollada en C ++, pero hay un conversor en Python llamado PySide.

Para instalar PySide en su máquina, puede usar el administrador de paquetes pip: `pip install PySide6` o `pip3 install PySide6` dependiendo de su versión de Python por defecto.

4.2.2 Creación de una ventana

Para Qt, como para Tkinter, los componentes gráficos son widgets. Una interfaz gráfica consta de una jerarquía de widgets: algunos contienen a otros y los alinean siguiendo unas reglas de diseño, otros son widgets finales que se utilizan para mostrar información o recibir las acciones del usuario. Para ilustrar la creación de una IHM con Qt, desarrollemos una pequeña interfaz que realice la adición de dos campos enteros y muestre el resultado en un campo texto.

El widget que representa la ventana principal de la aplicación es `QMainWindow` (todas las clases de Qt tienen el prefijo Q). Para mostrar una ventana vacía por el momento, todo lo que tiene que hacer es crear una instancia de `QApplication`, que es el objeto que controla el bucle de eventos de la IHM, instanciar una `QMainWindow`, mostrarla e iniciar la aplicación:

```
# No olvidar importar las clases necesarias.
from PyQt5.QtWidgets import QMainWindow, QApplication

# Definición de una QMainWindow personalizada para poder
# crear instancias de futuros widgets en ella.
class MainWindow(QMainWindow):
```

```
    def __init__(self):
        super(MainWindow, self).__init__()

if __name__ == '__main__':

    # Requisitos para obtener sys.argv.
    import sys

    # QApplication requiere la lista de argumentos pasadas
    # al ejecutable durante su instanciación.
    app = QApplication(sys.argv)

    # Creación de la ventana principal.
    window = MainWindow()

    # Visualización de la ventana principal.
    window.show()

    # Inicio del bucle de eventos, cuyo valor
    # de retorno se utilizará como código de salida de la ejecución.
    sys.exit(app.exec_())
```

La ejecución de este programa muestra una ventana vacía:

4.2.3 Agregar widgets

Cada widget tiene un "layout", es decir, un objeto cuya responsabilidad es ordenar los widgets que contiene de forma armoniosa, con espaciados calculados automáticamente en función del tamaño del contenedor. Hay diseños de layouts verticales, horizontales y en forma de tabla. En este ejemplo, usamos un layout horizontal para almacenar los diferentes widgets que compondrán la IHM.

```
# Importación de todos los widgets necesarios.
from PyQt5.QtWidgets import QMainWindow, QApplication, QWidget, \
     QLabel, QSpinBox, QLineEdit, QHBoxLayout, QComboBox

class MainWindow(QMainWindow):
    def __init__(self):
        super(MainWindow, self).__init__()

        # Widget básico que sirve como base para la jerarquía
        # de los sub-widgets.
        widget = QWidget ()

        # Especifica que el widget principal de la ventana es
        # el widget que se acaba de instanciar.
        self.setCentralWidget(widget)

        # Nueva distribución horizontal.
        diseño = QHBoxLayout ()
        # Asignación del diseño horizontal
        # al widget principal.
        widget.setLayout (diseño)

        # Los operandos se representan por spinboxes.
        self.operando1 = QSpinBox ()
        self.operando2 = QSpinBox ()

        # Un menú desplegable le permite elegir la operación
        # que se debe aplicar. Primero tiene que instanciarla.
        self.operacion = QComboBox ()
        # Luego, insertamos los símbolos en el menú para
        # poder seleccionarlos más tarde.
        [self.operacion.addItem(op) for op in ["+", "-", "*", "/"]]

        # Finalmente, el resultado de la operación está representado
        # por una zona de texto.
        self.resultado = QLineEdit()
```

```
        # Uso de un generador para agregar fácilmente
        # los widgets al layout.
        widgets = [self.operando1, self.operacion, self.operando2,
                   QLabel("="), self.resultado]
        [layout.addWidget(widget) for widget in widgets]
```

Con todos estos widgets agregados, la interface gráfica comienza a parecerse a algo:

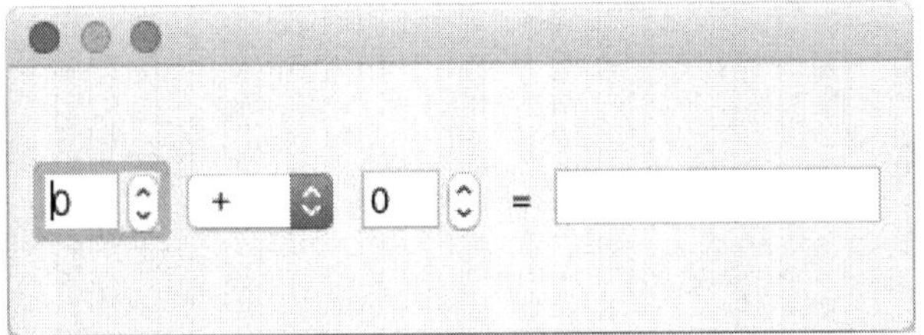

A modo de comparación, el uso de `QVBoxLayout` en lugar de `QHBoxLayout`, daría este resultado:

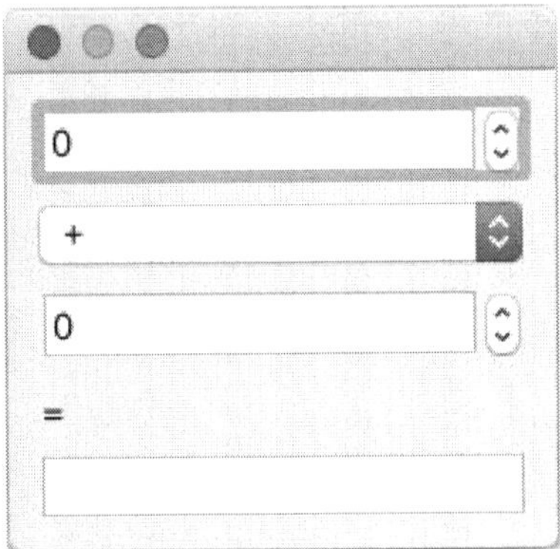

4.2.4 Gestión de eventos

Ahora que la forma está en su lugar, nos podemos ocupar de la esencia, es decir, asegurarnos de que el resultado de la operación se muestre automáticamente en cuanto el usuario haya modificado uno de los elementos de la operación.

Qt utiliza la filosofía de "signals/slots" (en español: señales/ranuras) para gestionar los eventos y sus implicaciones. Cualquier instancia de `QObject`, que es la clase de base para todas las clases definidas por Qt, puede emitir señales y definir slots:

- Una señal es un método que puede recibir argumentos, pero no puede devolver ningún valor. Este método tampoco contiene una implementación, ya que no se llama como a un método "clásico". El `QObject` emite una señal, que lo declara. Esta emisión no es bloqueante, es decir, que no espera respuesta de nadie: se ejecuta la línea de código que realiza la transmisión y después es el turno de la línea siguiente. En principio, la emisión de una señal Qt se puede comparar con la emisión de ondas por una estación de radio: la información se envía, independientemente de lo que suceda con las ondas.
- Un slot también es un método, que se puede llamar de manera "clásica", pero también cuando se ha recibido una señal específica. Para ser correctamente llamado, es preferible que el prototipo del slot y el prototipo de la señal, sean idénticos. De hecho, cuando se emite una señal, se puede transmitir con ella instancias de objetos (el botón sobre el que se acaba de hacer clic, por ejemplo). Para poder realizar tratamientos específicos en el slot, éste debe poder aceptar este botón como parámetro.

En este ejemplo, las señales de cambio emitidas por los widgets de los operandos y de la operación, deben estar conectadas a un slot que realiza el cálculo y actualiza el widget de resultado:

```
class MainWindow(QMainWindow):
    def __init__(self):
        super(MainWindow, self).__init__()

        #
        # Declaración de los widgets: ver sección precedente
        #

        # La clase QSpinBox emite una señal valueChanged(int)
```

```
        # cuando se modifica el valor mostrado en el spinbox.
        # Conectamos esta señal al slot calcular(), que es un
        # método de la clase MainWindow. Los prototipos son
        # diferentes, pero el hecho de perder el parámetro de
        # la señal, es irrelevante porque el slot puede recuperar
        # el nuevo valor accediendo directamente a la spinbox.
        self.operando1.valueChanged.connect(self.calcular)
        self.operando2.valueChanged.connect(self.calcular)

        # La clase QComboBox emite una señal
        # currentTextChanged(QString) cuando el usuario ha
        # seleccionado un nuevo valor del menú desplegable.
        # Conectamos esta señal al slot calcular(). Aquí también,
        # el nuevo texto del menú desplegable que lleva la
        # señal, se puede ignorar.
        self.operacion.currentIndexChanged.connect(self.calcular)

        # Para que el widget que muestra el resultado esté actualizado
        # tan pronto como se realiza la construcción de la ventana,
        # realizamos el cálculo desde el constructor.
        self.calcular()
```

El slot que realiza el cálculo necesita los operandos y la operación. Los operandos se pueden recuperar preguntando a los spinboxes el valor que contienen. La operación, por su parte, se corresponde con el texto seleccionado en el menú desplegable. Una vez recuperados los tres elementos, es posible realizar la operación y mostrar el resultado en el campo de texto, llamando al método `QLineEdit` que permite modificar el texto:

```
    def calcular(self):
        # Primer operando.
        a = self.operando1.value()
        # Segundo operando.
        b = self.operando2.value()

        # Realizamos la operación correspondiente al texto
        # seleccionado en el menú desplegable y transformamos
        # el resultado en cadena de caracteres gracias a la
        # función str ().
        if (self.operacion.currentText() == "+"):
            resultado = str(a + b)
        elif (self.operacion.currentText() == "-"):
            resultado = str(a - b)
        elif (self.operacion.currentText() == "*"):
            resultado = str(a * b)
```

```
        elif (self.operacion.currentText() == "/"):
            # Atención a la división por cero
            try:
                resultado = str(a / b)
            except ZeroDivisionError as e:
                resultado = "División por cero"
        # Cambiamos el campo texto con el resultado de la operación.
        self.resultado.setText(resultado)
```

Por lo tanto, la interfaz ahora responde a los eventos del usuario:

La gama de widgets Qt es inmensa y permite el desarrollo de interfaces gráficas muy completas, complejas y reactivas. El sistema de señales/slots permite separar los eventos de las acciones que provocan, facilitando así la implementación del design pattern MVC.

5. Bases de datos

5.1 Presentación

Una base de datos es un software que permite almacenar, manipular y buscar información de forma optimizada e inteligente. El almacenamiento de información en un archivo XML, puede ser suficiente siempre que sea una pequeña cantidad de datos. Sin embargo, la búsqueda en un archivo puede ser ineficaz, ya sea en términos de tiempo de procesamiento (recorrido del árbol a través de SAX) o espacio de memoria (almacenar el árbol completo como en DOM). Además, una gran cantidad de datos almacenados en formato texto en un disco duro puede ocupar un espacio considerable, y el hecho de comprimirlos implica que en cada acceso, es necesario lanzar una descompresión, que aún lleva tiempo y usa más memoria.

El objetivo de una base de datos es precisamente resolver lo mejor posible todos estos problemas de almacenamiento, de uso de memoria (RAM o disco duro), de optimización de la búsqueda, etc. La configuración de una base de datos permite dar más importancia a una restricción particular. Por ejemplo, si la capacidad de respuesta de una aplicación es fundamental, será necesario configurar la base de datos para que optimice al máximo los accesos, lo que sin duda requerirá más espacio de memoria para almacenar más información, con el fin de acelerar la búsqueda. Si, por el contrario, el software se debe ejecutar en un espacio reducido en el disco, entonces la compresión debe estar al máximo, sabiendo que esto tendrá un impacto negativo en los tiempos de respuesta.

Hay muchos paradigmas de bases de datos. El que se acerca más a la POO es la base de datos "relacional". Parecido a un diagrama de clases, la información se agrupa en "tablas" unidas por enlaces. Estas tablas se pueden asimilar a clases, donde cada columna es un atributo y cada fila es una instancia. El siguiente código produce datos que se podrían almacenar en una tabla de SuperHeroes:

```
class SuperHeroes:
    def __init__(self, nombre, color, accesorio):
        self.nombre = nombre
        self.color = color
        self.accesorio = accesorio

SuperHeroes("Tony Stark", "rojo", "armadura")
SuperHeroes("Steve Rogers", "azul", "escudo")
SuperHeroes("Bruce Banner", "verde", None)
```

SuperHeroes		
Nombre	**Color**	**Accesorio**
Tony Stark	rojo	armadura
Steve Rogers	azul	escudo
Bruce Banner	verde	

SQL (*Structured Query Language*: lenguaje de consultas estructuradas) es un lenguaje estandarizado, utilizado para comunicarse con una base de datos relacional con el objetivo de realizar operaciones de mantenimiento (creación y eliminación de tablas, usuarios, exportación de tablas a un archivo, etc.), así como consultas sobre los datos (creación, actualización, recuperación y eliminación). Si muchas bases de datos agregan funcionalidades a este lenguaje, sigue siendo una base común para todos ellos y por lo tanto, cualquier persona que conozca el lenguaje SQL se puede comunicar con la gran mayoría de bases de datos relacionales que existen. Sin embargo, para un desarrollador, este lenguaje no es necesariamente fácil de manejar, especialmente cuando hay muchos datos a tener en cuenta. Las consultas pueden tardar mucho en escribirse, lo que dificulta la depuración.

Para poder hacer el enlace entre los datos que maneja el software y la base de datos que está allí para almacenarlos de manera eficaz, existen módulos de Python que permiten dar órdenes a dicha base de datos para guardar o recuperar información.

5.2 SQLite

SQLite es una base de datos minimalista. Donde la mayoría de las bases de datos requieren una instalación relativamente pesada en un servidor, SQLite es una herramienta de línea de comandos, que usa un archivo simple para almacenar datos. Obviamente, esta no es una solución sostenible para una aplicación pesada que maneja gigabytes de datos, pero puede ser suficiente para cantidades medianas.

Aquí hay un ejemplo simple: nos conectamos a una base de datos SQLite (un archivo), ejecutamos un script SQL para recuperar la versión de SQLite y mostrarla en la salida estándar.

```
import sqlite3

# Declaramos la variable aquí para evitar un error de 'conexion
# is not defined' en el bloque 'finally'.
conexion = None

try:
    # Recuperación de un objeto que representa la conexión a la base
    # de datos representadas por el archivo ejemplo.db.
    # Si el archivo no existe, se crea.
    conexion = sqlite3.connect('ejemplo.db')

    # El cursor es un objeto utilizado para recorrer el conjunto
    # (en el sentido matemático) de los resultados obtenidos.
    cursor = conexion.cursor()

    # Desde este cursor se ejecutan las consultas
    # SQL. Aquí, SQLITE_VERSION() es una función propuesta por
    # SQLite para recuperar el número de versión de la base
    # de datos.
    cursor.execute('SELECT SQLITE_VERSION()')

    # Obtenemos el primer (y único) registro del
    # conjunto devuelto por la consulta.
    datos = cursor.fetchone()

    # Se muestra esta grabación en la salida estándar.
    print("SQLite está en versión: %s" % datos)

except dqlite3.Error as e:
    # Si SQLite alguna vez arroja una excepción, la detectamos aquí
    # y la mostramos.
    print ("Error %s:" %e.args [0])
    # Es una buena práctica devolver al ejecutable
    # un código diferente de cero en caso de error.
    sys.exit (1)

finally:

    # Como es necesario limpiar una vez finalizado el tratamiento,
    # excepción o no, cerramos la conexión a la base de datos
```

```
    # de datos.
    if conexion:
        conexion.close()
```

Ahora que sabemos cómo conectarnos a una base de datos, es cuestión de manejar los datos de la base de datos. En un primer momento, en el código Python debe definir los datos a manipular: una clase simple y algunas instancias serán suficiente. Luego, una vez que se establece la conexión a la base de datos, debe crear la tabla en la que se almacenarán los datos y luego enviarlos a la base de datos. Una vez que los datos están en la base de datos, puede acceder a ellos, realizar una búsqueda, modificar un registro, eliminar uno, etc.

```
import sqlite3

# Clase cuyas instancias se almacenarán en la base de datos.
class SuperHeroes:
    def __init__(self, nombre, color, accesorio):
        self.nombre = nombre
        self.color = color
        self.accesorio = accesorio

# Instancias que se van a almacenar.
ironMan = SuperHeroes("Tony Stark", "rojo", "armadura")
capitanAmerica = SuperHeroes("Steve Rogers", "azul", "escudo")
hulk = SuperHeroes("Bruce Banner", "verde", None)
zorro = SuperHeroes("Don Diego de la Vega", "negro", "espada")

# Objeto que representa la conexión a la base.
conexion = sqlite3.connect('ejemplo.db')

# Uso de la palabra clave 'with' que cerrará automáticamente
# la conexión al final del bloque.
with conexion:

    # Recuperación del cursor de la conexión.
    cursor = conexion.cursor()

    # Ejecución de un script SQL para crear una tabla.
    # Esta se llama SuperHeroes y contiene cuatro columnas:
    # un identificador entero que debe ser único entre todos
    # los registros de tabla y tres campos de texto
    # que contiene los valores de los atributos de las instancias.
    # El orden de declaración de los campos es importante.
   cursor.execute("CREATE TABLE SuperHeroes(Id INT, Nombre TEXT, \
Color TEXT, Accesorio TEXT)")

    # Lista de las instancias, para hacer un bucle con ellas
```

```
    # para almacenarlas en la base.
    lista_heroes = [ironMan, capitanAmerica, hulk, zorro]
    # El primer identificador comienza por 0
    # (pero es solo una convención).
    id_heroes = 0
    # Para cada instancia...
    for heroes in lista_heroes:
        # ... ejecutamos un script SQL que insertará uno nuevo
        # registro en la tabla SuperHeroes. Los valores
        # del registro deben estar en el mismo orden que
        # las columnas declaradas durante la creación de la tabla.
        cursor.execute("INSERT INTO SuperHeroes VALUES(?,?,?,?)",
                       (id_heroes, heroes.nombre, heroes.color,
                        heroes.accesorio))
        # No olvide incrementar el contador de identificadores
        # para mantener la unicidad.
        id_heroes += 1

    # Ejecutamos una consulta para recuperar todos los
    # registros (simbolizados por el carácter asterisco)
    # de la tabla SuperHeroes.
    cursor.execute ("SELECT * FROM SuperHeroes")
    # La solicitud se ejecuta y de hecho obtenemos
    # la lista completa en una variable.
    lineas = cursor.fetchall()

    # Se recorre esta lista de registros...
    for linea in lineas:
        # ... y se muestran en la salida estándar.
        print(linea)

>>> (0, 'Tony Stark', 'rojo', 'armadura')
>>> (1, 'Steve Rogers', 'azul', 'escudo')
>>> (2, 'Bruce Banner', 'verde', None)
>>> (3, 'Don Diego de la Vega', 'negro', 'espada')

    # Se ejecuta una consulta para modificar el campo Accesorio
    # del registro cuyo nombre es Zorro,
    # para darle el valor 'capa'.
    cursor.execute ("UPDATE SuperHeroes SET Accesorio =? WHERE Nombre =?", \
("capa", zorro.nombre))

    # Las acciones de escritura no se realizan de forma inmediata
    # en la base. De hecho, en caso de error, es aconsejable
    # retroceder en la ejecución, para volver
    # al estado anterior a la escritura. El método commit() valida
    # las modificaciones, y no es posible ninguna vuelta atrás
    # después de eso.
    conexion.commit ()
```

```
    # Habiendo ejecutado el cursor el comando de actualización, podemos
    # preguntarle cuántos registros se han modificado.
    print ("Número de líneas actualizadas: %d" % cursor.rowcount)

>>> Número de líneas actualizadas: 1

    # Cambio de Factory para los registros: en lugar
    # de usar una tupla que contenga los campos, obtendremos un
    # diccionario, por lo que las claves son los nombres de las columnas.
    conexion.row_factory = sqlite3.Row

    # Obtenemos un nuevo cursor, de modo que el cambio de
    # Factory se tiene en cuenta de manera efectiva. Utilizando
    # el cursor antiguo, no podríamos acceder a los
    # registros como los diccionarios, y la continuación del
    # programa causaría un error.
    cursor = conexion.cursor ()

    # Recuperamos todos los registros nuevamente
    # de la tabla de SuperHeroes.
    cursor.execute ("SELECT * FROM SuperHeroes")
    lineas = cursor.fetchall ()

    for linea in lineas:
        # Ahora podemos usar los registros
        # como diccionarios.
        print ("%s %s %s" % (linea["Nombre"], linea["Color"],
                             linea["Accesorio"]))

>>> Tony Stark rojo armadura
>>> Steve Rogers azul escudo
>>> Bruce Banner verde None
>>> Don Diego de la Vega negro cape # Observamos que el accesorio
                                    # de Zorro ha cambiado.

    # Si el script SQL alguna vez abarca varias líneas, debe
    # usar el método executecript(). Aquí borramos
    # el registro cuyo campo Id es igual a 3, luego
    # se elimina la propia tabla SuperHeroes.
    cursor.executescript("""
    DELETE FROM SuperHeroes WHERE Id=3;
    DROP TABLE IF EXISTS SuperHeroes;
    """)

    try:
        # Dado que la tabla ha sido destruida, esta consulta debe
        # lanzar una excepción de SQLite.
        cursor.execute("SELECT * FROM SuperHeroes")
```

```
    except sqlite3.Error as e:
        print("Error : %s" % e.args[0])

>>> Error no such table: SuperHeroes
```

SQLite es solo un administrador de bases de datos entre muchos otros. Entre los más conocidos podemos citar PostgreSQL, Microsoft Access, MySQL, Oracle, MariaDB, Microsoft SQL Server, etc. para los que existe un módulo de comunicación con Python que debe estar instalado. Python solo ofrece el enlace con SQLite en su librería estándar.

6. Multithreading

6.1 Presentación

Un thread, o literalmente un "hilo" (de ejecución), es una unidad de procesamiento dentro de un proceso. Un proceso puede contener varios thread, que luego se ejecutan en paralelo. La principal diferencia entre un conjunto de threads y un conjunto de procesos, es que cada uno de los procesos tiene su propia área de memoria, mientras que los threads del mismo proceso comparten una memoria común.

No es raro que la resolución de un problema de programación pase por una solución basada en el concepto de programación concurrente. De hecho, un software interactúa con muchos elementos y reacciona a muchos eventos que pueden ocurrir al mismo tiempo. Por ejemplo, un clic del ratón debe poder ser captado por un programa, pero al mismo tiempo, debe escuchar una interfaz de red mientras espera un mensaje, mientras se muestra un video y se reproduce la pista sonora. Establecer un paradigma de programación que pueda resolver el procesamiento en paralelo de diferentes tareas es, por lo tanto, mucho más lógico y eficiente. De hecho, encadenarlos uno tras otro implica evidentes riesgos de degradación de la reactividad de todos estos tratamientos (vídeo entrecortado, interfaz que no responde, etc.).

La práctica más común para tratar con múltiples tareas en lenguaje procedimental, es procesarlas una tras otra. Sin embargo, este enfoque no es el más elegante en la medida en que obliga a resolver secuencialmente problemas, que pueden surgir simultáneamente.

Tomemos el ejemplo de un coche al que debemos hacer tomar una curva, es decir que debemos hacerlo rodar mientras lo hacemos girar. El enfoque secuencial obligará a ejecutar la tarea "rodar" en un bucle y después la detendrá para ejecutar la tarea "girar", hasta que se complete el giro. Ejecutarlas muy rápidamente puede provocar la ilusión de que se realizan en paralelo, al igual que una rápida sucesión de fotografías puede dar la impresión de movimiento. Pero si la tarea "girar" acaba de bloquear el programa por una razón u otra (esperando la acción del usuario, error, cálculo demasiado largo, etc.), el coche ya no podrá rodar. Con el enfoque de una ejecución verdaderamente paralela, la ejecución de la tarea "rodar" y la de la tarea "girar" son independientes y ya no pueden obstaculizarse entre sí.

El problema básico es que un procesador de computadora simple, es básicamente monotarea. De hecho, sus componentes electrónicos no se pueden encontrar en varios estados simultáneamente. Por lo tanto, las instrucciones que transportan deben procesarse de manera secuencial. Sin embargo, esta suposición no debería impedir que la estructura de un programa se ajuste a una organización paralela. De hecho, el hardware en el que se ejecutará el programa, debe tener un impacto mínimo en su arquitectura por una cuestión de portabilidad y escalabilidad. Además, si es natural que varios tratamientos se lleven a cabo en paralelo, alinearlos iría en contra de su comprensión. A pesar de todo, dicho programa sufrirá las limitaciones inducidas por un procesador simple. En particular, el hecho de que sea el sistema operativo el que se encargue de distribuir el "tiempo de procesador" entre todas las tareas en paralelo, y la programación de estas tareas en la "cola de espera" del procesador no es un trabajo gratuito en términos de tiempo.

Con la llegada de los procesadores multinúcleo o "hyperthreaded", la programación concurrente puede ejercer todo su poder sin contrapartida. ¿Sin contrapartida? Quizás no, porque hay que tener en cuenta que hacer malabares con el procesamiento paralelo requiere la implementación de mecanismos de sincronización más o menos complejos y que esto conlleva la aparición de bugs de nueva naturaleza.

6.2 Python y la programación concurrente

Los intérpretes de Python tienen dos módulos que contemplan la programación concurrente.

El primero es el módulo `Threading`, que permite paralelizar una tarea. El mayor inconveniente es que esto será programado por el propio intérprete de Python, y no por el planificador de tareas del sistema operativo. Esto significará que solo se puede asignar a un único núcleo de procesador: el que ejecuta el proceso del intérprete de Python. Es lo mismo para el resto de tareas que utilizan el módulo `Threading`. Por tanto, este módulo permite utilizar el paradigma de la programación concurrente, pero sin poder aprovechar la potencia de los procesadores actuales. Sin embargo, este módulo se basa en el principio de threads "ligeros": la comunicación entre threads se lleva a cabo utilizando un contexto de memoria idéntico (la misma variable puede ser compartida por dos threads). Esto también hace que la ejecución de estas tareas sea más flexible y rápida por parte del planificador de tareas del sistema operativo, que no tiene que realizar costosos cambios de contexto de memoria, necesarios en el caso de un procesamiento concurrente intenso. Por lo tanto, existe un gran interés en utilizar esta tecnología para realizar multitasking. Dicho esto, no permite implementar procesos que pudieran estar distribuidos en varias máquinas, ni garantizar la total independencia de estas tareas, a veces requeridas durante procesos sensibles o críticos. De hecho, en el caso de los procesos ligeros, si el proceso principal (que es único) tiene un problema, entonces todos los threads hijos ya no podrán funcionar normalmente.

El segundo módulo tiene el nombre de `Multiprocessing`. Se basa en el principio del **fork**, es decir, la duplicación del contexto de memoria del proceso. Gracias a este método, las tareas están realmente programadas por el sistema operativo y, por lo tanto, se distribuyen realmente entre todos los núcleos del procesador. Esta delegación de la ejecución paralela del procesamiento del programa en el sistema operativo, proviene del hecho de que es todo el intérprete de Python el que está duplicado en la memoria (por el método del fork).

El sistema, que tiene varios procesos diferentes para programar, naturalmente se encargará de distribuirlos en diferentes núcleos. Un inconveniente de esta técnica es la ocupación de la memoria, que aumenta cuanto mayor es el número de tareas, ya que la memoria se duplica. Otro punto negativo a tener en cuenta es la necesidad de pasar por mecanismos de comunicación entre procesos (IPC), para establecer una comunicación entre tareas, lo que añade complejidad adicional al conjunto.

6.3 Utilización del módulo threading

Tomemos el ejemplo de un coche al que debemos hacer tomar una curva. Aquí está el enfoque clásico que linealiza este tratamiento. La clase `Coche` tiene dos métodos que se encargan de realizar el procesamiento de "rodar" y "girar". Estos métodos se deben llamar sucesivamente para dar la impresión de estar procesados al mismo tiempo. Esto supone, sin embargo, que cada uno no está bloqueando durante demasiado tiempo para evitar romper la ilusión. Aquí queremos hacer rodar al coche 10 segundos y hacerlo girar simultáneamente. Desafortunadamente, el método `rodar()` bloquea los tratamientos durante 10 segundos y el coche solo puede girar después de este tiempo de espera.

```
import time

class Coche:
    # Método permite hacer que un coche avance.
    def rodar(self):
        print('El coche rueda')
        # 10 veces de golpe...
        for _ in range(10):
            # ...simbolizamos el coche que rueda mostrando
            # un punto...
```

```
                print('.')
                # ... y esperamos un segundo para dar tiempo
                # al coche para girar.
                time.sleep(1)

        #  Método que permite al coche poder tomar una curva.
        def girar(self):
            print('Giramos el volante a la derecha durante 1s')
            # Esperamos un segundo para dar tiempo al coche
            # de girar.
            time.sleep(1)

coche = Coche()
while True:
    coche.rodar()
    # Tenemos que esperar a que termine rodar()
    # antes de hacer la llamada a girar().
    coche.girar()
```

Con el enfoque de la programación concurrente mediante `threading`, es posible resolver este problema. Para ello, debemos empezar por dividir las tareas a realizar en paralelo en el mismo número de clases. Deben heredar de la clase `Thread` del módulo `Threading` y sobrecargar el método `run()`, que debe contener el procesamiento que se realizará en el contexto concurrente. En este caso, por lo tanto, creamos una clase `Rodar` y `Girar` y mantenemos la clase `Coche` para desempeñar el papel de propietario/administrador de estos threads de acción.

```
import threading
import time

# Primera clase de acción para hacer que el coche avance.
class Rodar(threading.Thread):
    def __init__(self):
        super().__init__()

    # Método sobrecargado en el que se realiza
    # realmente la acción.
    def run(self):
        for _ in range(5):
            print('.')
            time.sleep(1)

# Segunda clase de acción para hacer girar el coche.
```

```
class Girar(threading.Thread):
    def __init__(self):
        super().__init__()

    def run(self):
        for _ in range(3):
            print('->')
            time.sleep(1)

class Coche():
    def __init__(self):
        # Instancia de la clase de acción para rodar.
        self.rodar = Rodar()
        # Instancia de la clase de acción para girar.
        self.girar = Girar()

    # Durante el arranque, se quiere rodar y girar simultáneamente.
    def arrancar(self):
        # El método start() oculta la mecánica de lanzamiento del
        # thread y su asociación con el proceso padre, y
        # una vez que el thread ha comenzado, llama a su método run()
        # que realizará la tarea paralela.
        self.rodar.start()
        self.girar.start()

coche = Coche()
coche.arrancar()
>>> .
->
.
->
.
->
.
.
# Tenemos las 5 iteraciones para avanzar, y las 3 para girar.
```

6.4 Sincronización

El orden de las instrucciones ejecutadas por dos threads en paralelo, depende del sistema operativo, porque es este el que va a decidir a qué thread conceder tiempo de procesador. Por lo tanto, bajo ninguna circunstancia se debe suponer que las instrucciones del thread A se ejecutarán antes o después de las del thread B.

La salida estándar del ejemplo anterior se verá más a menudo como `.-> .-> .-> ...` Pero de vez en cuando el orden puede cambiar y parecerse a `.-> -> .-> ...` simplemente porque en esta ejecución precisa, el sistema operativo decidió priorizar el thread `Girar` en detrimento del thread `Rodar`.

Como la programación de threads está completamente fuera del control del desarrollador, debemos tener mucho cuidado con el uso compartido de recursos (archivo, espacio de memoria, conexión de red) entre threads. Dado que el orden de ejecución de los threads no está garantizado, un thread A que inicializa un recurso se puede ejecutar <u>después</u> de que un thread B utilice y libere ese mismo recurso. Por lo tanto, el thread B utilizará un recurso no inicializado y causará un error, mientras que el thread A inicializará este recurso que nunca se liberará. Afortunadamente, es posible suspender la ejecución de un thread para que espere hasta que se libere un determinado recurso antes de continuar con la ejecución. Dicho recurso se denomina un mutex o, en el módulo `Threading`, un lock o bloqueo.

```
import threading
import time

class Rodar(threading.Thread):
    def __init__(self):
        super().__init__()

    def run(self):
        # El bloqueo es capturado por el thread.
        # Todos los demás threads que quieran capturar este bloqueo
        # esperarán hasta que se libere.
        bloqueo.acquire()
        for _ in range(5):
            print('.', end='')
            time.sleep(.2)
        # Liberación del bloqueo. Entre los otros threads que
```

```
        # estaban esperando capturarlo, solo se seleccionará uno
        # por el sistema operativo para recuperarlo.
        bloqueo.release()

class Girar(threading.Thread):
    def __init__(self):
        super().__init__()

    def run(self):
        bloqueo.acquire()
        for _ in range(3):
            print('->', end='')
            time.sleep(.2)
        bloqueo.release()

# Coche inalterado.

# Declaración del bloqueo, recurso común entre los dos threads.
bloqueo = threading.Lock()
coche = Coche()
coche.arrancar()
>>> .....->->->
```

Cuando se inicia el `Coche`, el thread `Rodar` se inicia antes que el thread `Girar`, por lo que es él quien captura primero el bloqueo. Cuando el thread `Girar` intenta capturar el bloqueo, como ya está capturado, se pone a la espera. El thread `Rodar` se puede ejecutar sin ser interrumpido. Una vez finalizado el tratamiento, suelta el bloqueo. De esta manera, el otro thread puede capturarlo a su vez, realizar su procesamiento y liberarlo. La salida estándar indica claramente que el thread `Rodar` se ejecutó completamente antes que el thread `Girar`. Por supuesto, si el thread `Rodar` no liberaba el bloqueo, el thread `Girar` esperaría indefinidamente.

6.5 Interbloqueo

La programación concurrente puede llevar a una situación en la que el programa ya no puede responder: el interbloqueo o **deadlock**. Esta es una instrucción que ilustra lo que es un interbloqueo:

Cuando dos trenes se encuentran en un cruce de vías, cada uno se debe detener por completo y ninguno debe pasar hasta que el otro haya comenzado de nuevo.

Evidentemente, esta situación plantea un problema: ninguno de los trenes se reiniciará, ya que cada uno esperará a que el otro reinicie. En programación, esta situación puede suceder cuando se ejecutan dos threads de manera concurrente y cada uno está esperando un recurso que está siendo utilizado por el otro.

```
import threading
import time

class ThreadA(threading.Thread):
    def run(self):
        print("A - Thread A lanzado")
        print("A - A la espera del bloqueo 1")
        bloqueo1.acquire()
        print("A - Bloqueo 1 adquirido")
        time.sleep(.5)
        print("A - A la espera del bloqueo 2")
        bloqueo2.acquire()
        print("A - Thread A")
        bloqueo2.release()
        bloqueo1.release()

class ThreadB(threading.Thread):
    def run(self):
        print("B - Thread B lanzado")
        print("B - A la espera del bloqueo 2")
        bloqueo2.acquire()
        print("B - Bloqueo 2 adquirido")
        time.sleep(.5)
        print("B - A la espera del bloqueo 1")
        bloqueo1.acquire()
        print("B - Thread B")
        bloqueo1.release()
        bloqueo2.release()
```

```
bloqueo1 = threading.Lock()
bloqueo2 = threading.Lock()

threada = ThreadA()
threadb = ThreadB()

threada.start()
threadb.start()
>>> A - Thread A lanzado
A - A la espera del bloqueo 1
A - Bloqueo 1 adquirido
B - Thread B lanzado
B - A la espera del bloqueo 2
B - Bloqueo 2 adquirido
A - A la espera del bloqueo 2
B - A la espera del bloqueo 1

# A la espera infinito: el thread A espera la liberación del bloqueo 2
# adquirido por el thread B, que espera la liberación del bloqueo 1
# adquirido por el thread A.
```

Existen muchas estrategias y herramientas para evitar estos puntos muertos, que son una pesadilla de depurar, pero están más allá del alcance de este libro.

7. Desarrollo web

7.1 Presentación

Hoy en día, Internet es una parte integrante de nuestras vidas y, como resultado, el desarrollo de aplicaciones que funcionan en la Web se ha convertido en una habilidad muy solicitada. En pocas palabras, una aplicación web consta de dos partes:

- El "front-end", que es la parte "frontal" de la aplicación, es decir aquella manejada directamente por el usuario. Las tecnologías front-end son generalmente HMTL, JavaScript, React, etc. Esta parte es generalmente dependiente del navegador web.

- El "back-end", que es el "motor" de la aplicación. Esta parte es la que lleva a cabo el procesamiento pesado, como el almacenamiento de información en la base de datos, los largos cálculos a realizar, los diversos procesos necesarios para el funcionamiento de la aplicación. Los ejemplos típicos de lenguajes de back-end son PHP o ASP.NET.

Una de las dificultades de este tipo de desarrollo radica en la comunicación entre todas las capas involucradas:

- el usuario escribe una URL en la barra del navegador;
- se envía una petición a un servidor a través de Internet, para recibir la página que se va a mostrar;
- algún servidor recibe y decodifica esta petición, luego inicia los algoritmos de generación de páginas;
- estos tratamientos tienen buenas posibilidades de obtener información de una base de datos;
- estos datos después se deben integrar en la generación de la página para ofrecer al usuario información personalizada (apellido, nombre, carrito de la compra actual, etc.);
- Una vez generada la página, se debe enviar a la persona que la solicitó primero.

Navegador, capas de red, servidor, programa, base de datos, etc. Todas estas entidades son independientes y, por tanto, deben tener alguna forma de comunicarse entre sí. Uno de los problemas a los que se enfrentan las aplicaciones web es precisamente estas interfaces de comunicación, por las que circulan datos que deben ser decodificados de un lenguaje, para ser recodificados en otro.

Django es una herramienta de desarrollo web que se ocupa de buena parte de estos problemas de comunicación y homogeneiza gran parte de los distintos componentes de una aplicación web: todo está en Python y sigue la filosofía Modelo - Vista - Controlador.

7.2 Creación de un proyecto Django

Después de instalar Django a través de pip, debe tener un comando django-admin disponible, que le permite realizar ciertas tareas automáticamente. Por ejemplo, para crear un proyecto Django:

```
django-admin startproject mi_sitio
```

Esto crea un directorio mi_sitio en el que hay un script de Python manage.py, así como un subdirectorio, también llamado mi_sitio, que contiene cinco archivos de Python: __init__.py, asqi.py, settings.py, urls.p y wsgi.py.

```
ejemplos/mi_sitio/
   manage.py
   mi_sitio/
         __init__.py
         asgi.py
         settings.py
         urls.py
         wsgi.py
```

- manage.py es un script de utilidad que permite actuar sobre diferentes aspectos del sitio: carga de datos en la base de datos, sincronización entre la base de datos y los controladores, gestión de un superusuario, pruebas unitarias, etc.
- __init__.py es un archivo vacío que solo indica que mi_sitio es un paquete Python valide.settings.py que contiene la configuración de la aplicación: los módulos utilizados, la activación o desactivación del modo Debug, la configuración de la base de datos utilizada, etc.
- urls.py define una especie de diccionario que asocia URLs, representadas como expresiones regulares, con una vista codificada en Python. Se pueden encontrar más detalles sobre cómo funcionan las URL en la sección Desarrollo web MVC.
- wsgi.py y asgi.py contienen la configuración para la implementación del sitio, en aplicación de los estándares Python WSGI y ASGI (respectivamente). Su utilidad está más allá del alcance de esta sección.

Con estos pocos archivos, el sitio web ya puede estar operativo. Para lanzar el servidor HTTP provisto con Django, debe usar manage.py:

```
ejemplos/mi_sitio/ (0) > ./manage.py runserver
Watching for file changes with StatReloader
Performing system checks...

System check identified no issues (0 silenced).

You have 17 unapplied migration(s). Your project may not work properly
until you apply the migrations for app(s): admin, auth, contenttipos,
sessions.
Run 'python manage.py migrate' to apply them.

Septembre 15, 2024
Django version 3.0.8, using settings 'mi_sitio.settings'
Starting development server at http://127.0.0.1:8000/
Quit the server with CONTROL-C.
```

Si como se ha indicado vamos a la dirección http://127.0.0.1:8000/, se obtiene la página por defecto de una aplicación Django:

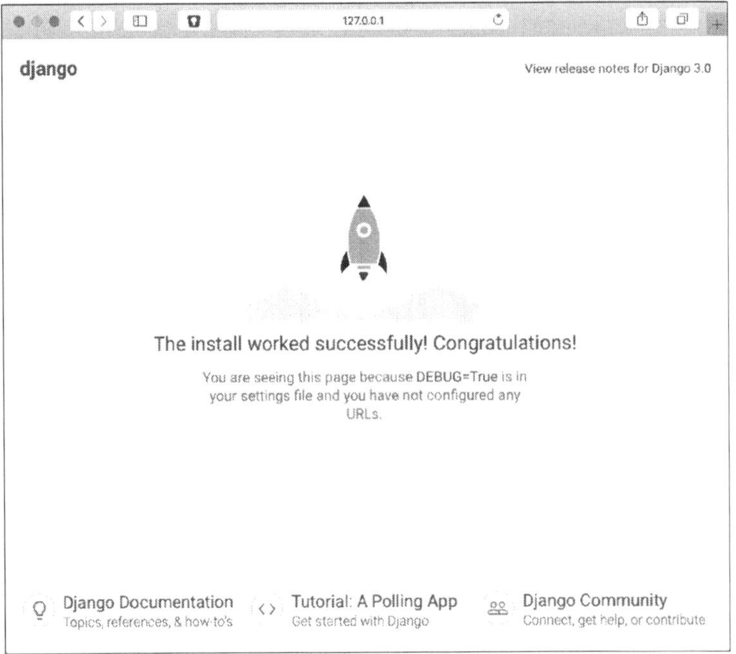

7.3 Desarrollo web MVC

Un sitio puede contener varias aplicaciones. Una aplicación es una entidad autónoma que contiene sus propias vistas, su propio modelo, etc. Es una subparte de un sitio. La ventaja de las aplicaciones es la reutilización del código: si debemos tener dos aplicaciones diferentes pero que tienen piezas comunes, como la gestión de un carrito de la compra, la gestión de grupos de usuarios, un catálogo de productos, entonces podemos crear una aplicación que contenga estas necesidades funcionales comunes y que ambas aplicaciones la utilicen como una librería o un módulo.

Por ahora, sigamos con una aplicación: `mi_aplicacion`. Para crearla, una vez más, debe llamar a `manage.py`:

```
./manage.py startapp mi_ap
```

Aparece un nuevo directorio mi_ap:

```
mi_ap/
    __init__.py
    admin.py
    apps.py
    migrations/
        __init__.py
    models.py
    tests.py
    views.py
```

Contenido de mi_ap

La utilidad de estos archivos se revelará con el tiempo.

Es hora de escribir una vista. En Django, una vista es el código Python que se ejecuta cuando el usuario accede a una determinada URL. Estas vistas se almacenan en el archivo `views.py` de la aplicación. Una vista tiene la forma de un método que toma como parámetro un objeto que contiene la solicitud `HTTP recibida` por el servidor y, devuelve un objeto HttpResponse que puede ser entendido por el navegador:

```
from django.http import HttpResponse

def index(request):
    return HttpResponse("Aquí está la raíz de mi_ap.")
```

mi_ap/views.py

Para asociar esta vista con una URL, debe crear un archivo `urls.py` en el directorio de la aplicación y definir una nueva URL allí:

```
# Para crear una URL para que Django pueda entender.
from django.urls import path

# Importa el module views del directorio actual.
from . import views

# Lista de las URL de la aplicación.
urlpatterns = [
    # La cadena vacía representa la raíz de la aplicación.
    # Asociamos esta ruta al método index() definido en el módulo
    # views. Para facilitar su uso posterior,
    # esta vista se llama index.
    path('', views.index, name='index'),
]
```

mi_ap/urls.py

Una aplicación que es parte de un sitio y un sitio que tiene sus propias URL, es necesario indicarle al sitio que ciertas URL deben apuntar a la aplicación. Así, en el archivo `urls.py` de mi_sitio:

```
from django.urls import include, path
from django.contrib import admin

urlpatterns = [
    # A las URL que comienzan con 'miap', asociamos las URL definidas
    # en el archivo urls.py de la aplicación mi_ap gracias a
    # la función include().
    path ('miap/', include ('mi_ap.urls')),
    # URL del sitio reservadas para la administración.
    path(r'^admin/', admin.site.urls),
]
```

mi_sitio/urls.py

Se define la URL de la aplicación, su raíz está vinculada a la vista de índice, que también está definida. Para probar esta vista, todo lo que tiene que hacer es reiniciar el servidor HTTP usando manage.py, o, si aún está activo, ir a la URL que acabamos de definir:

Una vez que el mecanismo de vistas está en su lugar, se debe abordar el modelo. En el archivo `mi_sitio/settings.py`, la base de datos utilizada por defecto es SQLite, que es perfecta para las necesidades del ejemplo. En el contexto de una implementación de producción real, se debe utilizar una base de datos más adecuada.

Volvamos al ejemplo del superhéroe (consulte la subsección SQLite de este capítulo). En lugar de definir la tabla y sus campos en la base de datos directamente, Django permite definir estas estructuras directamente en Python y, posteriormente, sincronizarlas con la base de datos. Por lo tanto, en el archivo `mi_ap/models.py`, todo lo que tiene que hacer es definir una clase `SuperHeroes`, así como los campos que la acompañan:

```
from django.db import models

# Cualquier clase que queramos representar mediante una tabla en base
# de datos, debe heredar de models.Model.
class SuperHeroes(models.Model):
    # Los campos que queremos registrar en la base de datos deben ser
    # instancias de models.* Field.

    # De forma predeterminada, Django agrega automáticamente un campo entero
    # id, que se incrementa automáticamente durante las inserciones
    # en la tabla. Aquí, el nombre que queremos representar mediante un
    # campo de texto es una instancia de CharField, cuyo argumento
    # llamado max_length, que representa el tamaño máximo
    # del campo, se establece en 50.
    nombre = models.CharField(max_length=50)
    # Igual para los campos color y accesorio.
    color = models.CharField(max_length=50)
    accesorio = models.CharField(max_length=100)
```

mi_ap/models.py

Al agregar `mi_ap` a la lista de aplicaciones administradas por `mi_sitio` en el archivo `mi_sitio/settings.py`, las sincronizaciones con la base de datos incluirán los modelos definidos en `mi_ap`. Entonces, ejecutemos los comandos:

```
ejemplos/mi_sitio/ > python3 ./manage.py makemigrations mi_ap
Migrations for 'mi_ap':
  mi_ap/migrations/0001_initial.py
    - Create model SuperHeroes
```

Django ofrece un sistema de migración para seguir la evolución del esquema y los datos de la base de datos a medida que avanzan los desarrollos. Efectivamente, es indiscutible que la estructura de la base irá cambiando durante la vida de la aplicación: nuevas funcionalidades, olvidos, corrección de errores, etc. Todo esto hace que el modelo sufra modificaciones. Django registra cada modificación en un archivo.

Entonces, si alguna vez necesitamos hacer cambios en una base de datos poblada con datos de prueba, Django adaptará automáticamente esos datos a los cambios aplicados. No es necesario destruir todo, volver a crear todo y repoblar todo cada vez que elimine una columna o agregue una tabla.

Una vez que se registra la migración, se debe aplicar efectivamente a la base de datos:

```
ejemplos/mi_sitio/ (0) > ./manage.py migrate
Operations to perform:
  Apply all migrations: admin, auth, contenttipos, mi_ap, sessions
Running migrations:
  Applying contenttipos.0001_initial... OK
  Applying auth.0001_initial... OK
  Applying admin.0001_initial... OK
  Applying admin.0002_logentry_remove_auto_add... OK
  Applying admin.0003_logentry_add_action_flag_choices... OK
  Applying contenttipos.0002_remove_content_tipo_name... OK
  Applying auth.0002_alter_permission_name_max_length... OK
  Applying auth.0003_alter_user_email_max_length... OK
  Applying auth.0004_alter_user_username_opts... OK
  Applying auth.0005_alter_user_last_login_null... OK
  Applying auth.0006_require_contenttipos_0002... OK
  Applying auth.0007_alter_validators_add_error_messages... OK
  Applying auth.0008_alter_user_username_max_length... OK
  Applying auth.0009_alter_user_last_name_max_length... OK
  Applying auth.0010_alter_group_name_max_length... OK
  Applying auth.0011_update_proxy_permissions... OK
  Applying mi_ap.0001_initial... OK
  Applying sessions.0001_initial... OK
```

Para verificar que el entorno Python de Django es realmente capaz de conversar con la base de datos y de manejar instancias de `SuperHeroes`, es posible lanzar una línea de comandos específica de Django, nuevamente gracias a `manage.py`. Este "shell" es un entorno Python clásico, excepto que ya se han realizado todas las importaciones necesarias para acceder al modelo de datos:

```
ejemplos/mi_sitio/ (0) > ./manage.py shell
Python 3. 12.5 (main, Aug  6 2024, 19:08:49)
[Clang 15.0.0 (clang-1500.3.9.4)] on darwin
Type "help", "copyright", "credits" or "license" for more information.
(InteractiveConsole)
>>> from mi_ap.models import SuperHeroes =
# Se recuperan todos los objetos de la tabla SuperHeroes.
```

```
>>> SuperHeroes.objects.all()
# La tabla SuperHeroes está vacía.
<QuerySet []>
# No olvidar el campo id añadido automáticamente por Django.
>>> ironMan = SuperHeroes(0, "Tony Stark", "rojo", "armadura")
# Copia de seguridad de la instancia en base.
>>> ironMan.save()
# Si queremos dejar que Django maneje el campo id automáticamente,
# podemos crear una instancia de SuperHeroes usando el nombre
# de los campos como parámetros con nombre del constructor.
>>> hulk = SuperHeroes(nombre="Bruce Banner", color="verde")
>>> hulk.save()
# Se muestra el número de registros en la tabla SuperHeroes
>>> len(SuperHeroes.objects.all())
# Tony Stark y Bruce Banner. 2
# Los registros son ciertamente objetos de la base
# de datos, pero siguen siendo instancias
# Python "clásicas".
>>> hulk.__class__.__name__
'SuperHeroes'
# Es posible realizar una búsqueda por campo.
>>> SuperHeroes.objects.get(color="rojo").nombre
'Tony Stark'
```

Se establece la comunicación con la base de datos, por lo que es hora de escribir una vista que utilice el contenido de la base de datos. Por ejemplo, una URL que muestra los héroes de color rojo:

```
from django. urls import url
path from . import views

urlpatterns = [
    path('', views.index, name='index'),
    path('^rojo/', views.rojo, name='rojo'),
]
```

mi_ap/urls.py

```
from django.http import HttpResponse
# Importación para manipular las instancias de SuperHeroes.
from .models import SuperHeroes

def index(request):
    return HttpResponse("Esta es la raíz de mi_ap.")

def rojo(request):
    # Recuperación de los registros cuyo campo color
    # es igual a rojo.
    heroes_rojos = SuperHeroes.objects.filter(color="rojo")
    # Construcción de una lista HTML con los registros.
    html = "<ul>"
    for heroes in heroes_rojos:
        html += "<li>"+ heroes.nombre + "</li>"
    html += "</ul>"
    return HttpResponse(html)
```

mi_ap/views.py

Y para terminar el resultado:

Por supuesto, generar la página HTML manualmente en el código de la vista, no es muy elegante ni muy práctico. Además, Django ofrece un sistema de modelos de página llamados **templates**, que pueden contener instrucciones especiales para tener en cuenta los datos de la vista utilizada. Para construir templates, deben ubicarse en un directorio `mi_ap/templates/mi_ap/` (repetir el nombre de la aplicación es una forma de que Django no tenga conflictos de nomenclatura en el caso de que varias aplicaciones tengan un template con el mismo nombre).

Los templates tienen su propia sintaxis para poder manejar los datos recibidos de la vista. Así, los bloques delimitados por llaves dobles (`{{...}}`) representan variables, cuyos miembros se pueden usar como en cualquier programa de Python gracias al operador punto. Los bloques delimitados por una llave y un signo de porcentaje (`{% ...%}`) proporcionan instrucciones para modificar la representación de las variables. Esto puede variar desde un bucle `for` o una condición `if` hasta aplicar un plural a una cadena de caracteres o extender otro template para factorizar elementos comunes a varias páginas, como encabezados o pies de página.

Entonces, en lugar de construir la página HTML en la vista, es mejor crear un template:

```
<ul>
    {% for heroes in heroes_rojos %}
        <li>{{ heroes.nombre }}</a></li>
    {% endfor %}
</ul>
```

mi_ap/templates/mi_ap/rojo.html

Ahora es suficiente con modificar ligeramente la vista `rojo()` para que tenga en cuenta el uso del template.

```
from django.shortcuts import render

def rojo(request):
    heroes_rojos = SuperHeroes.objects.filter(color="rojo")
    # Los templates reciben los datos de la vista gracias a un
    # diccionario (que se suele llamar context
    # por convención). En este diccionario, las claves son
    # cadenas de caracteres que se utilizarán en la plantilla
    # para acceder a los objetos asociados a ellas.
    context = {
        'heroes_rojos': heroes_rojos,
    }
    # El método render que recibe como primer parámetro
    # la solicitud recibida, en segundo lugar la ruta al archivo
    # plantilla, y tercero el diccionario que contiene
    # el contexto.
    return render(request, 'mi_ap/rojo.html', context)
```

7.4 Algunas herramientas interesantes

Más allá de facilitar en gran medida la implementación del patrón MVC aplicado a toda la aplicación web, Django ofrece una gran cantidad de utilidades para facilitar aún más la creación y el mantenimiento del sitio web:

- Una completa interfaz de administrador directamente conectada al modelo, para poder manipularlo libremente, sin pasar por una línea de comandos o código Python. También es posible personalizar esta interfaz reordenando los campos, renombrándolos para facilitar el acceso, etc.
- Es posible pasar argumentos en una URL, generalmente de la forma http://127.0.0.1/miap?clave=valor. El sistema de expresiones racionales utilizado para asociar URL con vistas, hace posible recuperar estos argumentos y hacerlos accesibles en las vistas. Esto hace posible mostrar información de forma dinámica, sin tener que declarar muchas URL estáticas (podemos reescribir la URL del ejemplo anterior en http://127.0.0.1:8000/miap?color=rojo y obtener el mismo como resultado, mostrar héroes verdes o azules no generará desarrollo adicional).

- Los formularios HTML permiten al usuario completar campos y enviarlos al servidor para su procesamiento. Django permite una generación automática de estos campos según los declarados en el modelo. Por lo tanto, no es necesario especificar que el campo nombre debe estar representado por un campo de texto en la página HTML: Django lo hace por sí solo.
- Existe un sistema de pruebas automáticas para verificar que las vistas y los controladores continúan haciendo el trabajo esperado, a pesar de la evolución de la aplicación. Esto es extremadamente práctico, incluso esencial.

Para obtener más información, ejemplos, consejos y documentación sobre Django, la dirección del sitio web oficial es https://docs.djangoproject.com.

Capítulo 7
Algunas buenas prácticas

1. Introducción

La programación no se trata solo de escribir líneas de código, que hacen que el software se comporte exactamente como se define en un documento. La carrera de un desarrollador va mucho más allá de su IDE: la teoría juega un papel importante en la escritura de código, porque permite seleccionar las armas adecuadas; la vigilancia tecnológica permite estar actualizado en cuanto a herramientas, lenguajes, técnicas de trabajo, etc. El desarrollo personal es un factor fundamental para ser más eficientes y estar más motivados.

Este capítulo, menos técnico y más humano, explora el entorno rico y diverso del mundo del desarrollo. Sea cual sea su interés, profesión o nivel de competencia, si está leyendo estas líneas es porque el desarrollo es un área en la que quiere sobresalir. Por lo tanto, repase las siguientes secciones con la mente abierta. Aproveche la experiencia del autor que, aunque está en la profesión desde hace veinte años, siempre se cuestiona, se basa en sus conocimientos básicos sabiendo actualizarlos y sabe que el mejor código no hace necesariamente el mejor software.

2. Asegurarse con bases consistentes

2.1 La importancia de los cimientos

Todas las competencias técnicas se deben basar en habilidades teóricas confiables y aseguradas. El problema es que la informática y sus prácticas cambian no solo rápido, sino cada vez más rápido.

Es apreciable ser competente en la tecnología del momento, porque entonces las peticiones son numerosas, los puestos a menudo están bien pagados y la sensación de estar al corriente de los últimos avances en su campo elegido, es estimulante. Pero esta actualización es aún más difícil de vivir cuando la moda es pasajera. Sin embargo, como entusiastas de la tecnología, los desarrolladores que se enorgullecen de su racionalidad, suelen ser las mejores víctimas de cualquier moda irracional.

Por lo tanto, la mejor inversión técnica para un desarrollador es tener una base sólida. Esto ayuda a aprender todas las demás competencias, evaluar tecnologías y diseños, y a encontrar las mejores respuestas allá donde estén, con las palabras clave más relevantes. Una base sólida es la condición imprescindible para un trabajo bien hecho y la seguridad de ser reconocido y respetado por sus compañeros.

2.2 Estructuras de datos y algoritmos comunes

El primero de estos cimientos es el control de las estructuras de datos. Los libros dedicados a la programación a menudo se centran en este tema, y con razón. Muchos desarrolladores (¡y clientes!) creen que han resuelto el problema, una vez que se ha modelado.

No debemos caer en esta trampa, pero debemos reconocer que la arquitectura de un programa se vuelve cada vez más difícil de cambiar con el tiempo, simplemente porque modificar un elemento básico implica cambios en todos los proyectos que dependen de él. El coste de un error de diseño al principio del proceso, es mucho más alto que el de un pequeño descuido del código en una parte aislada del programa, que se puede corregir más tarde sin efectos secundarios. De ahí la definición de un buen diseño que permita evolucionar en el futuro de forma sencilla y con poco esfuerzo, en lugar de calcificar las elecciones del pasado.

Una estructura de datos condiciona los algoritmos que se le pueden aplicar y la facilidad con la que aplicarlos. A menudo, el estudio de los algoritmos más conocidos indica las opciones y consecuencias de cada enfoque. Una de estas consecuencias será la estructura de los datos y otra el "rendimiento", muy a menudo en forma de un mayor coste de memoria o de tiempo de uso del procesador.

Aunque esta reflexión puede parecer alejada de la resolución inmediata del problema, es la que más le permitirá aprender de ella. Depende de usted conciliar los problemas que encontrará con soluciones conocidas, de acuerdo con las limitaciones del proyecto. Este arbitraje en términos de cálculo o almacenamiento a veces es impuesto por el propósito de un programa: dependiendo de si la plataforma objetivo es un servidor potente o un chip integrado en un equipo conectado, el método y las herramientas cambiarán radicalmente.

De aquí también es de donde vendrán las preocupaciones sobre el rendimiento, el "bottleneck" (el elemento más limitante): si un sistema de información está en el proceso de usar espacio de almacenamiento con mayor frecuencia, puede permitirse consumir más potencia de cálculo (los procesadores rara vez están a plena capacidad) pero menos memoria. Y a la inversa, si la aplicación se debe ejecutar en un procesador limitado, entonces puede usar tanta memoria como sea posible para almacenar tantos resultados de cálculo como sea posible para reutilizarlos, en lugar de recalcularlos.

Por último, el estudio de estos algoritmos a menudo viene con una estimación o comentarios sobre el mejor o el peor de los casos: en los algoritmos de clasificación, por ejemplo, ¿cómo funcionaría su solución preferida en un conjunto ... ya ordenado? Algunos baten récords cuando otros pierden su tiempo innecesariamente. Asimismo, el uso de un índice en una base de datos podría mejorar drásticamente los tiempos de búsqueda, en particular si los criterios se aplican a valores que están ordenados y son lo más "únicos" posible. Sin embargo, no proporcionaría tanto beneficio si lo aplicara a una columna que contiene el mismo valor muchas veces.

Ser plenamente consciente de los datos, su estructura y los diferentes algoritmos de manipulación, es fundamental para darle a la arquitectura del software un rumbo sano, eficiente y evolutivo. Cada área gris es un problema potencial que terminará, la mayoría de las veces, poniendo en peligro las bases mismas del software.

2.3 Un problema, varias soluciones

Al comienzo de una carrera, a menudo pedimos resolver un problema identificado en un contexto limitado: completar una funcionalidad ya existente y corregir un bug. Sin embargo, no necesariamente dedicamos el tiempo suficiente a estudiar el problema con mayor profundidad: debemos responder rápidamente, por mala organización (todo el mundo trabaja con prisa), por optimización de costes (no podemos tener un equipo compuesto solo por expertos) o simplemente por el "efecto Tetris" (una solución correcta hoy es mucho mejor que una solución perfecta que llega demasiado tarde). Tras unos años de experiencia, nos encontramos ante problemas un poco más "abiertos" sin un marco definido: desarrollo de una nueva funcionalidad cuyo alcance es vago, rediseño de parte del software para mejorar el rendimiento, etc. Sin embargo, podemos adaptar métodos similares de resolución de problemas a estos dos marcos.

Nuevamente, existen muchas metodologías y se deben evaluar antes de elegir. La que se cita con más frecuencia es "dividir y vencer" (también es el nombre de un algoritmo), o circunscribir los problemas en "cajas" cada vez más pequeñas. Así es como se ven invariablemente los diagramas de arquitectura y los diagramas de clases: establecer componentes para los que el rol está bien definido y detallar estos componentes hasta llegar a futuras clases de código.

Otros enfoques incluyen eliminar restricciones ("Si no estuviéramos limitados por X, ¿qué haríamos de manera ideal?") y, paradójicamente, agregar restricciones ("Supongamos que solo tuviera diez elementos, ¿qué haría? Supongamos que tuviera que tratar con millones de ellos, ¿se mantendría mi solución?"). Abordar el mismo problema desde otro ángulo o llevar el problema a otro límite, también son buenas pistas.

2.4 Elegir y dominar la herramienta adecuada

Cualquiera que sea el área en la que se encuentre, la clave del reconocimiento profesional y la eficiencia es dominar una herramienta, preferiblemente varias: sus fortalezas combinadas a menudo pueden conducir al mismo resultado, por caminos diferentes. ¡Y qué lujo tener varias soluciones a un problema! Esto permite soportar las limitaciones externas con una mente más tranquila, porque al variar los diferentes usos de estas herramientas, aún pueden proporcionar el resultado deseado a pesar de estas limitaciones.

Además de su cerebro y su código, la principal herramienta del desarrollador es su editor de texto. No tiene sentido tener una idea deslumbrante si le lleva tres días escribirla. ¡Incluso podría olvidarla por el camino! No tiene sentido haber producido un trabajo de calidad si no puede retomarlo más tarde y encontrar el camino de regreso.

Por otro lado, dominar cuestiones tan básicas como escribir, guardar, buscar y reemplazar cadenas de caracteres, renombrar, navegar entre decenas de archivos, etc. ¡es fundamental en nuestra profesión! Sobre una pieza tan fundamental, los desarrolladores eligen su campo y lo defienden con uñas y dientes: Vim o Emacs, JetBrains o Visual Studio, además de muchas otras alternativas por idioma y por comunidad.

El IDE es la herramienta con la que trabajará durante horas, rastreará errores, se convertirá en una extensión de su pensamiento. Elija una e invierta tanto como sea posible y tan pronto como sea posible durante el tiempo que sea necesario, para que se convierta en una extensión natural de su mente. Debería permitirle realizar la mayoría de las tareas que realiza todos los días de forma rápida y sin atascos.

3. Sea conciso y simple

Dos buenas prácticas de desarrollo aportan una filosofía de trabajo saludable y eficiente: DRY y KISS.

3.1 DRY

DRY significa *Don't Repeat Yourself*: no se repita. Cada línea de código que escribe representa un error potencial en la aplicación, un posible malentendido para una persona que la leerá y código adicional para mantener, etc. No necesariamente nos damos cuenta de ello en esta búsqueda de funcionalidad, en la que a veces podemos escribir demasiado rápido para alcanzar la meta antes. De ahí la importancia de tener en cuenta esta regla.

Repetirse es muy (demasiado) fácil en el mundo de las tecnologías de la información. El copiar y pegar está al alcance de los atajos de teclado listos usar, el tamaño de los discos duros permite un gasto desmedido de bytes, los procesadores rápidos procesan las instrucciones tan rápido que no se perciben los pequeños desvíos lógicos innecesarios. Pero de nuevo: mantener y depurar el código que funciona, puede ser una pesadilla.

En términos generales: cuanto menos código escriba, menos posibilidades de tener problemas.

En la programación orientada a objetos, hay muchas formas de evitar la repetición de código:

- Herencia, clases abstractas, interfaces, patrones de diseño, etc. Todos estos conceptos de POO vistos en este libro, ayudan a escribir menos código. También se dijo que el intercambio de información entre entidades del código no debería exceder lo estrictamente necesario. Esta práctica evita la proliferación de clases y miembros y además fomenta una arquitectura eficiente y robusta.
- Si se encuentra escribiendo la misma constante varias veces (3.1415, ".txt" o incluso un número de versión como "1.0.2"), declare una constante (posiblemente global si alguna vez es relevante) y utilícela. Esto permite centralizar este valor y evita que se repita en el código. Porque si alguna vez necesita modificarlo (agregando precisión en los decimales, error ortográfico en un nombre, cambio de versión, etc.), entonces solo tendrá que hacer su corrección en un único lugar y no se arriesga a que falten ocurrencias por corregir durante su reemplazo global.
- La creación de clases de utilidad, permite agrupar las funcionalidades utilizadas por diferentes clases de negocio (cálculo de un redondeo, formateo de cadenas de caracteres, operaciones en fechas, etc.) Copiar y pegar estos métodos en las cuatro esquinas de un proyecto allá donde se necesitan, también duplica cualquier error o imperfección potencial. Una clase `DateUtil` o `MathUtil`, que no necesariamente requiere instanciación, se puede usar en cualquier parte del código sin dañar su diseño.
- No se repita, claro, pero tampoco repita a los demás. Si se encuentra con un problema que es lo suficientemente general como para haber sido abordado por otra persona, es posible que ya se haya desarrollado una librería para resolverlo. Sobre todo porque Python tiene una comunidad muy activa, rica y diversa. No dude en utilizar su motor de búsqueda favorito para reutilizar el trabajo de otros. Manténgase siempre dentro de la legalidad: tómese cinco minutos para averiguar bajo qué licencia se distribuye el módulo que recuperó y determine si puede usarlo en su proyecto.

3.2 KISS

El código corto y conciso siempre es mejor que el código largo y sinuoso, pero aún así debe ser comprensible para quienes lo vuelvan a leer en el futuro (lo que le incluye a usted mismo). Para evitar malas interpretaciones y perder tiempo descifrando líneas de código, un segundo principio importante a seguir es KISS: *Keep It Simple, Stupid* (Mantenlo simple, estúpido).

Un algoritmo y el código que lo acompaña, no se deben enredar en meandros intelectuales que sean demasiado complicados de entender y seguir. Una forma básica de probar la simplicidad de su código, es enviarlo para que lo lea alguien que no conozca su problema o mejor aún, alguien que no conozca los ordenadores.

Hablar con un neófito le obligará a sentar las bases de su problema en términos simples, lo que ya puede generar inconsistencias de las que no se habría dado cuenta. A menudo sucede que está demasiado inmerso en el código, como para darse cuenta de que las líneas que está escribiendo van en la dirección incorrecta. Sacar la cabeza del agujero y explicar su camino, le permite tomar la distancia necesaria para posiblemente corregir la trayectoria.

Una vez que la otra persona comprenda su punto de partida y destino, explíquele cómo planea llegar allí. Si la descripción de su algoritmo, las clases que usa y los métodos a los que llama son confusos e inconsistentes, entonces la persona con la que está hablando será la primera en decírselo. Uno de los fundamentos de Python es la legibilidad y la simplicidad del código. Si su implementación es compleja y difícil de entender, el código que ha escrito es un código Python incorrecto. Siempre que se lo explique en términos sencillos, su abuela debería entender su algoritmo.

El código simple es código con menos errores. También es un código mantenible: quien lea su código lo entenderá rápido y bien, y no tendrá problemas para agregar nuevas funcionalidades.

4. Armonizar al equipo

La ley de Conway, ahora considerada válida, establece que cualquier organización que diseñe sistemas, inevitablemente reproducirá copias de sus propios patrones de comunicación en ellos. En otras palabras, el diseño de software es solo un reflejo de cómo se comunican los equipos y sus miembros. Por lo tanto, es esencial tener una organización humana saludable para un código saludable, y es ilusorio esperar producir código simple en una organización compleja.

Al mismo tiempo, es más pragmático y simple producir un código que retoma los patrones de la estructura en la que opera: tal parte de la aplicación para tal tipo de usuario, tal parte del programa para tal otro equipo, todos supervisado de tal manera por tales clases de "managers", etc.

El trabajo en equipo es fundamental y un desarrollador nunca trabaja solo. Trabaja en una empresa, en un equipo, en un proyecto de código abierto, etc. Incluso si solo está usted, cuente al menos tres personas: usted mismo, su "yo futuro" y su "yo pasado". La persona que era hace seis meses tiene (con suerte) menos experiencia que usted. Mientras tanto, ha aprendido y crecido mucho y, mirando hacia atrás, puede darse cuenta de que sus elecciones de hace seis meses no eran óptimas. Cometió errores por los que tuvo que pagar y otros por los que pagará, aunque aún no lo sepa. Ya no esa persona: cuanto más tiempo pase, más ilusorio es esperar recordar por qué abordó un problema como este o aquel.

La persona que será en seis meses, en cambio, tendrá que pagar sus deudas. Ser amable con ella es ser amable con usted. Documente, escriba, anote, informe, explique, detalle y pruebe.

Y ahora que está convencido, centrémonos a pesar de todo en trabajar en un equipo de varias personas: será más fácil razonar sobre esta base.

4.1 Redactar convenciones de escritura

A nadie le gusta sumergirse en el código ajeno: seguir una lógica que no es la suya es inquietante, apropiarse de una arquitectura desconocida es agotador. Sin embargo, los hábitos pueden salvarle: las mismas estructuras para los mismos problemas, los mismos nombres para los mismos conceptos, etc. Más allá del fondo de la cuestión, la forma a veces puede proporcionar información vital.

El proyecto que "empieza de cero" es raro. Nos encontramos con mucha más frecuencia leyendo código (para cambiarlo o depurarlo), que escribiéndolo. Respete este hecho y oriente su trabajo hacia la facilidad de la lectura: los mismos modismos de código, las mismas convenciones de nomenclatura, etc. Una línea de código generalmente se escribe solo una vez, pero se lee decenas de veces, normalmente por ojos ajenos a quienes la han escrito. Por tanto, el esfuerzo se debe dirigir más hacia la facilidad de lectura que hacia la facilidad de escritura. Y nada promueve más la lectura y la comprensión que la homogeneidad.

Algunas empresas y algunas comunidades open source (por proyecto, framework o lenguaje), publican convenciones de código: los puntos y coma y las indentaciones suelen ser específicos del lenguaje, pero podemos ir más allá. Otro ejemplo es la notación de CONSTANTES en mayúsculas o variables/funciones especiales con __guionbajo__. A menudo tenemos por hábito o "buena práctica" la convención de escribir nombres compuestos (funciones, clases y variables) en CamelCase (es decir, separacionDePalabrasPorMayusculas) o en notación_húngara (es decir, separación_de_palabras_por_el_carácter_guion_bajo).

Seguro que su equipo ha adoptado una convención: pídala, abra la discusión, ofrezca validarla o redactarla sin imponerla. Esto demostrará su dedicación a respetar a las personas que trabajan con usted, así como a sus "futuros ellos". Parece obvio hablar el mismo idioma para entenderse. Lo mismo ocurre con el código.

4.2 Revisión de código, todos juntos

El uso de herramientas de gestión de versiones se ha generalizado tanto, que parece obvio hoy en día: conservar, historiar, publicar su código, fusionarlo con el código de otros, etc. Hoy, Git es la solución dominante y, aparte de aspectos específicos por plataforma, el resto parece haberse convertido en histórico y anecdótico. Una de las ventajas de las herramientas de control de versiones es enviar cambios de forma agrupada, en forma de commits o parches.

Una buena práctica para evitar muchos contratiempos es hacer que otro miembro del equipo vuelva a leer cada uno de estos commits. Algunos equipos pueden tener un proceso de validación que implica la revisión por parte de los miembros más experimentados del equipo (que es una buena oportunidad para aprender), o la revisión cruzada por varios correctores.

Este es el momento adecuado para verificar que todo el código nuevo esté documentado, probado, sea comprensible para el resto del equipo, pero también para transmitir el conocimiento para reducir el Bus Factor: si un miembro del equipo es atropellado por un autobús, ¿el proyecto estaría completamente arruinado? ¿En peligro? ¿Qué partes sufrirían más?

Por supuesto, no le deseamos mala suerte a nadie, pero la baja, la enfermedad y el cambio de puesto son razones y motivos suficientes para asegurar que todo el proyecto pertenezca a todo el equipo, y que no haya ningún miembro del equipo "portador" cuya ausencia colapsaría el edificio.

El Pair Programming y el Mob Programming son métodos aún más eficientes de revisión de código: al codificar juntos, la retroalimentación es permanente y mucho más meticulosa. Sin embargo, no se debe olvidar de que los mecanismos para escribir y revisar el código son diferentes y que la revisión, es mucho más relevante cuando se hace con la cabeza fría.

Nuevamente, si su empresa o equipo no lo ha adoptado, ofrezca implementar esta práctica. Sin embargo, es difícil convencer a su jerarquía de que dedique tiempo a compartir y revisar el código, lo que no añade valor al proyecto. Sin embargo, el gran argumento es que esta técnica evita muchas decepciones en caso de incapacidad de los miembros del equipo. Como muchos puntos en la gestión de proyectos, se trata de medir el factor riesgo/beneficio.

4.3 Documentar

Se debe tener cuidado de documentar el código en sí. Esta práctica tiene todo el interés en ser estipulada, en el acuerdo de desarrollo del equipo. Además, documentar permite una revisión de código mucho más eficiente y rápida y, a la inversa, la revisión de código permite verificar que la documentación es clara para cualquier lector que no conozca el código en cuestión. También se pueden configurar varios niveles de documentación de acuerdo con la granularidad deseada (por línea de código, por función, por clase, por módulo, etc.). Los documentos de negocio, el glosario, el recordatorio del contexto y las necesidades, son cruciales para comprender la totalidad de un software. La arquitectura, los diagramas de clases y todos los diagramas UML (secuencias y casos de uso), aportan otro nivel de visión más detallado. Los comentarios en el código aportan el nivel más fino. Algunos incluso agregan que los nombres elegidos en el código pueden, en sí mismos, contener toda la información necesaria: una variable claramente nombrada puede informar sobre su función, su alcance y su uso, sin tener que documentarla.

¿Son suficientes estos tres niveles, que casi se podrían llamar estratégicos, tácticos y operativos, en el vocabulario militar? ¿Son necesarios niveles intermedios de granularidad? ¿Es suficiente documentar el proyecto o las necesidades? ¿El proceso de creación o implementación de código merece más descripción o podemos prescindir de ella? Depende de cada equipo responder con su propia conciencia y en función del contexto y los medios. Sin embargo, la pregunta merece ser formulada.

4.4 Probar

Casi todo el mundo sabe que hay que probar el software. Las pruebas aportan la seguridad de que lo que se entrega al cliente se ajusta a su solicitud. También facilitan la evolución del software al garantizar que los nuevos desarrollos no alteren los antiguos. Una relevante batería de pruebas positivas evita mucho estrés y ansiedades, cuando es necesario publicar una nueva versión del software. Y el servicio postventa lo agradecerá enormemente.

Blogs, libros, tweets, etc. todo el mundo ofrece su versión de TDD (*Test Driven Development*: Desarrollo guiado por pruebas), su herramienta favorita, etc. Hay libros completos dedicados a las pruebas. Sin caer en un extremismo que afirma que las pruebas resuelven todos los problemas, pueden servir tanto como garantía de calidad, como de documentación e incluso especificaciones. Incluso podemos presentarlas como entregables por derecho propio, lo que tiene la ventaja de no dejar que nadie caiga nunca en la tentación del famoso "no tenemos tiempo, qué pena las pruebas".

Aquí nuevamente, es el equipo el que debe configurar (y especialmente desarrollar) su estrategia de pruebas de una manera incremental y pragmática.

4.5 Instalar un entorno de despliegue continuo

Para aquellos que ya tienen la suerte de tener un proceso de producción de código que funciona bien (recopilación de requisitos, especificaciones, documentación, herramientas, gestión de versiones, desarrollos, revisión y pruebas de código, etc.), todo lo que se necesita es un paso adicional para automatizar la entrega, tan pronto como las pruebas muestren "OK".

La entrega es a veces un paso delicado: es fácil olvidar configuraciones, es necesario resucitar software o máquinas, etc. Períodos de "apagar fuegos", penalizaciones, fallos catastróficos y bloqueos, son obsesiones bien conocidas. Los deportistas tienen un método imparable para evitar los inconvenientes de las etapas difíciles y poco frecuentes: el entrenamiento. Al hacer que este evento raro y delicado que es una puesta en producción sea frecuente, se volverá rutinario y controlado.

Fomentar la comunicación dentro del equipo y automatizar el proceso de entrega del proyecto significa que los desarrolladores pueden evitar tareas secundarias y concentrarse en su negocio principal. ¿Y qué podría ser más motivador para un profesional que tener las manos libres para entregarse a su pasión?

5. Unirse a una comunidad

Para un principiante, aprender a desarrollar software es una tarea difícil. Para obtener alguna orientación o aclaración, a menudo es necesario el apoyo de un grupo y algunos mentores. Para un desarrollador más experimentado, también es la oportunidad de cambiar el contexto, compartir con otros expertos y no dormirse en los laureles.

Producir código de calidad es solo una faceta de un desarrollador experimentado. A diario se añaden otras acciones: enseñar a los compañeros menos experimentados, presentar opciones y sus consecuencias, animar y motivar a tu equipo, etc. Estas nuevas habilidades no se pueden aprender de la noche a la mañana: hay que practicar, aprender a hablar con los demás, dar un paso atrás para ponerse en la piel de un principiante. La comunidad es un espacio de formación maravilloso: sin relación jerárquica, sin restricciones presupuestarias, relaciones amistosas y relajadas. Las interacciones entre desarrolladores dentro de la comunidad son (teóricamente) honestas y francas, lo que le permite profundizar en sus conocimientos mientras mejora su relación. Un experto que pueda presentar su trabajo en términos comprensibles para todos, incluidas las personas no técnicas, es extremadamente valioso.

Finalmente, incluso para un experto, la profesión no siempre ofrece la posibilidad de crecer, aprender, intercambiar con otros o simplemente enfrentarse a diferentes contextos. No se le pagará por hacer más si esto no representa una ganancia financiera directa, tal vez incluso por temor a que pueda cambiar de carrera o negocio. Para mantenerse alerta y al día, participar en una comunidad técnica también parece ser una solución simple y efectiva.

En general, unirse a una comunidad le permite ver las soluciones que se usan comúnmente y recibir comentarios basados en la experiencia sobre los componentes que está a punto de probar, usar o rechazar.

5.1 Participar en conferencias y grupos de usuarios

Las redes sociales, las listas de correo, los blogs, los repositorios de código abierto más conocidos y seguidos, pueden ser suficiente para crear un espíritu de unión entre los miembros de una comunidad (y crear microcomunidades con plenos derechos).

En cuanto a las reuniones "en persona", es posible participar en conferencias: el dinero y el marketing, el efecto "cool" y las actividades anexas, probablemente le animarán a hacerlo. No todo el mundo tiene la suerte de que su empresa esté dispuesta a pagar parte del presupuesto de formación para enviar a alguien a una conferencia (y algunos preferirían el dinero sin la conferencia), pero según el caso, es posible ir allí con fondos personales, pedir una subvención o incluso intentar presentar un tema para ser invitado.

Los más simple, sin embargo, son los grupos más locales apodados * UG (LUG y JUG para *Linux User Groups* y *Java User Groups*, respectivamente), meetups u otra denominación popular en inglés. Obtendrá los beneficios, y solo estará limitado por el dinamismo de los organizadores locales. Y nuevamente, puede ser una motivación adicional para atraer a más personas y convertir a los vecinos a su tecnología favorita.

5.2 Escuchar la sabiduría de la multitud

No reinvente la rueda y asegúrese de contar con apoyo y consejos. Sistema operativo, IDE las mejores herramientas, uso de instaladores automáticos, etc. su comunidad probablemente tenga una opinión al respecto y puede elegir lo siguiente:

- el sistema operativo ideal;
- el administrador de paquetes más adecuado;
- los editores de texto, los entornos de desarrollo más adecuados.

También puede preguntar a cada uno, su preferencia de frameworks respecto a:

- clientes "pesados" (completos pero complejos);
- clientes "ligeros" (simples pero menos poderosos);
- interfaces gráficas;
- interfaces de bases de datos;
- gestión 3D;
- multimedia;
- etc.

Si no tiene una opinión sólida y si no está seguro de lo que está haciendo, eche un vistazo a lo que está haciendo su equipo en el trabajo o su comunidad, fuera del trabajo: siempre habrá muchos menos dilemas y posibilidades de tener apoyo y asesoramiento adicional.

Simplemente evite adoptar la opinión de los más ruidosos. Más bien elija la opinión de los más numerosos, tranquilos y fiables. Nuestro negocio está sujeto a modas que hacen "ganar" a una solución frente a otra, pero no necesariamente por buenas razones. O al menos, no las que le importan.

Si bien las diferentes opiniones pueden parecer tranquilizadoras, esté seguro que escuchar una opinión en una cámara de eco, que solo repite y amplifica las mismas cosas sin agregar nada, simplemente aprobará su elección, pero posiblemente más por efecto de la multitud que por una verdadera argumentación.

6. Controlar los problemas recurrentes

La informática y más aún sus enfoques teóricos, se remontan varias décadas. Durante este tiempo, y con muchas más limitaciones que en la actualidad (espacio, memoria y herramientas), teóricos y practicantes unieron fuerzas para estudiar, para intentar resolver problemas relacionados con varios campos (compresión de datos, cifrado, algoritmos de ordenación, optimizaciones, etc.).

Con el tiempo, se han escrito decenas de libros y luego cientos de blogs sobre cada uno de estos temas. Identifique las fuentes que podrían ayudarle con su problema y no dude en consultarlas si es necesario

6.1 Depuración

El código produce errores. Es ilusorio y utópico exigir un código libre de errores a un desarrollador. Un buen código no es solo código que contiene pocos errores, sino también código que puede rastrearlos y eliminarlos rápidamente.

Por supuesto, existen diferentes herramientas y métodos para depurar. Una heurística que ha sido comprobada es simplemente rastrear el error en los últimos elementos de código modificados (porque las pruebas confirmaron que las últimas versiones son perfectas). A veces, el problema se oculta en suposiciones hechas durante la génesis del software. Entonces habrá que buscarlo en profundidad, con el temor fundamental de poner en tela de juicio la arquitectura completa de la aplicación.

Cada método de producción de código (IDE, framework, lenguaje) tiene sus herramientas de depuración y también cada capa de software. Las mismas herramientas no se utilizan para detectar problemas con el acceso al sistema de archivos o sobrecarga de RAM, errores de red o interbloqueos. Nuevamente, eche un vistazo a lo que su comunidad y su equipo ofrecen y aproveche las habilidades únicas de cada uno.

6.2 Trazas

Una práctica sigue siendo común a casi todos estos métodos y herramientas de depuración: trazar lo que está sucediendo y escribir un resumen en un archivo, para comprender mejor cómo se ejecuta el software. El código pasó por esa rama pero no por esa; tal o cual función ha recibido este o aquel valor como parámetro y tal o cual resultado ha sido devuelto; etc.

Siempre que el rendimiento general de su aplicación no se vea afectado, no dude en rastrear su código. Y, afortunadamente, es posible mantener muchos logs durante el desarrollo, pero desactivarlos durante el funcionamiento en producción.

Por último, guarde un poco: nunca se es demasiado prudente y lamentablemente, es en producción donde descubrimos errores. Por lo tanto, es mejor mantener las trazas que ayudarán a determinar la causa.

6.3 Monitoring

¿La producción está funcionando o no? Para responder a esta pregunta, implemente herramientas para almacenar y analizar una gran cantidad de datos. Uso de espacio en disco, RAM y CPU, y también, en el caso de la Web por ejemplo, número de solicitudes atendidas, su duración media, etc. Toda esta información permite comprobar el rendimiento del producto en diferentes plataformas, y monitorizar su correcta respuesta en caso de demasiada demanda.

Es muy interesante por cuestiones de rendimiento y bloqueo conocer las secciones que más recursos consumen (en el código, en las consultas de la base de datos) y su frecuencia de ejecución (horaria/semanal/anual).

Si tiene que mantener una aplicación de venta online, ¿cómo prever la apertura de rebajas o la cercanía de la Navidad? ¿Tendrá que reescribir la aplicación, cambiar el tamaño del servidor o externalizar esta parte?

Una vez que trace (como mínimo) su aplicación, también puede determinar qué es normal y qué no: las herramientas pueden advertirle de una posible violación de seguridad o de una actividad no esperada, lo que le permite anticiparse mejor.

De nuevo, no hay una regla absoluta: ¿qué se debe rastrear y monitorear? ¿Qué es normal? ¿Qué es interesante? A todos los niveles: código, infraestructura y comportamiento del usuario, supervise y comprenda lo que está sucediendo.

6.4 Rendimiento

"La optimización prematura es la raíz de todos los vicios" - Donald Knuth.

Incluso antes de saber qué es caro en términos de tiempo de ejecución, intentar optimizar parece inútil, ridículo, caro e incluso peligroso. Lo que está buscando optimizar "instintivamente", puede que no lo merezca. De hecho, es posible que sus herramientas ya lo hayan hecho por usted. Este es el caso, entre otros, de compiladores y bases de datos que cuentan con mecanismos internos que realizan automáticamente ciertas optimizaciones. O tal parte del programa ciertamente no es óptima, pero se llama muy raramente y en última instancia, cuesta poco en términos de tiempo y recursos. En resumen, la optimización solo es necesaria si surge un problema. Si no hay uno, ¿por qué quiere crear uno?

Muchos desarrolladores tienen el defecto de querer hacer el código más complejo porque así "está más optimizado". Estos mismos desarrolladores luego se divierten creando un código "elegante y limpio" (léase: complejo y feo) para su satisfacción intelectual, en detrimento de todas las demás consideraciones.

No caiga en esta trampa.

La verdadera clave del rendimiento es simplemente hacer menos cosas. Una de las soluciones puede ser consultar a los poseedores de las reglas de negocio para encontrar una solución más simple, utilizar métodos de almacenamiento en caché para evitar acceder demasiado al disco o la red o paralelizar el trabajo para hacer todo, simplemente más rápido.

Sin embargo, tenga cuidado: cada uno de estos métodos tiene sus peligros, y deberá estar completamente seguro de su enfoque para evitar empeorar las cosas.

6.5 ETL

Muy a menudo, las tareas de un desarrollador lo llevan a procesar datos externos, ya sea para importarlos a su repositorio de proyectos para procesarlos más tarde o para hacer estadísticas. A veces, estos datos son una parte integrante de la arquitectura del proyecto. El hecho de que sus fuentes sean externas, es solo un detalle: son los datos en sí mismos los que representan el corazón del negocio: el producto está ahí para hacer el vínculo entre estas muchas fuentes y realizar el procesamiento de ellas (comparadores de precios, agregadores, etc.).

Cuando la necesidad de procesar datos externos es más ocasional o no se reconoce como el núcleo del negocio, todos terminan llegando a una librería de scripts más o menos inconexos según el caso, reinventando soluciones para todo tipo de problemas: rendimiento, reprocesamiento, etc.

Estas herramientas facilitan la extracción de datos brutos desde sus fuentes externas y heterogéneas, su transformación en estructuras de datos utilizables y finalmente la carga de estas estructuras en este software. Existen muchos tutoriales y códigos Python para realizar este tipo de tareas. Sin embargo, si el papel de los ETL es fundamental para su proyecto, será mucho más prudente tomar un libro y trabajar sobre el tema. La puesta en común de una variedad de datos en un solo repositorio, no es un problema obvio.

6.6 Bases de datos: relacionales o no

Hoy, las bases de datos están en todas partes. Si aún no lo ha hecho, aprenda (y practique) SQL. Es el lenguaje básico y puede sacarlo de situaciones complicadas, ya sea para codificar una consulta compleja o mejorar el rendimiento, aunque solo sea para permitirle razonar de manera clara sobre este tema.

No hay lugar para repetir el debate sobre bases de datos relacionales, no relacionales, y cómo mezclar las dos si es necesario, pero la clave es saber que existen bases de datos adaptadas a ciertos usos muy específicos, y soluciones genéricas. Entre estas, PostgreSQL suele aparecer en la parte superior de la lista, pero eso no le obliga a cambiar si ya tiene un sistema MySQL en funcionamiento, con el que está satisfecho.

Muchas bases de datos eligen el modelo relacional. Recientemente, muchos otros han optado por favorecer la disponibilidad, frente a la coherencia. Todo es cuestión de necesidad. Cuando se realiza una transferencia bancaria, sería absolutamente inaceptable que la cantidad transferida apareciera en ambas cuentas simultáneamente, o por el contrario, en ninguna de ellas. Por tanto, la base de datos que gestiona las transferencias bancarias, debe conceder gran importancia a la coherencia de los datos. Por el contrario, aplicaciones como Twitter pueden permitir cierta flexibilidad en la coherencia de los datos. De hecho, cuando se publica un tweet, lo puede ver inmediatamente, pero una demora de unos segundos es bastante aceptable para que también sea visible para sus seguidores.

6.7 Bases de datos y ORM

Si su base de datos trabaja con registros en un modelo generalmente relacional, su aplicación funcionará con objetos, lo que implica instancias de clases en un lenguaje de objetos.

Cada vez hay más soluciones ORM (*Object-Relational Mapping*, que se corresponde con el modelo objeto-modelo relacional), que permiten a los desarrolladores abstraerse de la base de datos, para expresar sus operaciones como métodos sobre objetos. Esto es lo que ofrece Django, por ejemplo.

Este enfoque, lamentablemente, adolece del problema de las "abstracciones con fugas" (*leaky abstractions*). La fuga en cuestión no es (necesariamente) de memoria, sino más bien conceptual: donde se esperan objetos "clásicos" en POO, estos estarían "contaminados" por anomalías inesperadas: reversión de transacciones, concurrencia, mala gestión de la caché, validaciones SQL y objetos diferentes, etc. Por eso, sea cual sea la calidad del ORM elegido, se recomienda revisar sus conocimientos de la base de datos.

Las soluciones ORM tienen muchos inconvenientes y ventajas: facilidad de uso, complejidad de instalación, adición de dependencias al proyecto, abstracción completa de la base de datos, etc. Hay muchas preguntas que hacerse antes de elegir una. A pesar de eso, la elección habitual de su comunidad le puede decir mucho.

6.8 Integraciones

Así como el desarrollador que trabaja solo es raro, pocos sistemas viven en total aislamiento.

Podemos ver un aspecto optimista: si un proyecto sale bien y vive bien, tenderemos a querer replicar o extender el éxito. Este sistema hará cada vez más cosas, y ya no tendremos que preocuparnos por su supervivencia, sino por gestionar su creciente complejidad.

Podemos ver un aspecto pesimista: un sistema que no crece está condenado a morir. O si es fácil de quitar, preferimos un sistema menos bueno, pero que ya esté bien integrado en el resto del sistema informático.

Cuando integra su programa con otros sistemas, aumenta la paranoia. Desconfíe como lo hace con los datos de una fuente desconocida. Sea tan cauto como con el código cuya evolución no domina.

Como su programa ahora es parte de un sistema externo, debe implementar las buenas prácticas que le han enseñado. De lo contrario, su aplicación puede causar errores y propagarlos a las aplicaciones con las que se comunica, o simplemente colapsar, paralizando todo el sistema. Solo tiene el control de su código, por lo que depende de usted hacerlo lo más robusto posible.

Rastree sus entradas y salidas: podrá saber si el error proviene del exterior (datos de entrada incorrectos) o de su propio sistema (datos de salida incorrectos). Monitorice el flujo de intercambios. Señale cuando la aplicación abandona su funcionamiento habitual para poder reaccionar lo antes posible ante un problema.

Integrar su software en otro sistema, requiere una comunicación clara y precisa no solo entre líneas de código, sino también entre quienes las escribieron. Trate de comprender el paradigma de aquel con el que va a intercambiar datos y asegúrese de comprender el suyo.

6.9 Otros entornos de software

Por último, mantenga la curiosidad y analice diferentes tecnologías de vez en cuando: ¿el móvil es ahora una oportunidad?, ¿conoce las nuevas prácticas de monitoring?, ¿su base de datos es la más adecuada para su problema?

A menudo hay muchas lecciones que hay que aprender cuando acepta sumergirse de vez en cuando en lo desconocido: por medio de la lectura, los proyectos personales, el seguimiento técnico, un proyecto anexo, su comunidad, etc.

7. Perseguir el crecimiento personal

"Lo único constante es el cambio."

Este dicho es aún más cierto en un sector como las tecnologías de la información en general y el desarrollo en particular. Si los lenguajes pueden durar algunas décadas (con nuevas versiones regulares), las librerías, los frameworks, las arquitecturas y enfoques, cambian según las modas.

No solo las modas: restricciones de hardware como la potencia y las capacidades de gráficas del equipo, la conectividad, las normas y estándares y todas estas restricciones externas se reflejan en el código.

7.1 Saber hacer preguntas

En informática, como en la historia de la ciencia y en cualquier otra profesión, practicar el arte de hacer preguntas, también es la mejor forma de responderlas.

Lo sorprendente se debería investigar.

La base de los razonamientos se debería investigar.

Lo que ha sido cierto durante demasiado tiempo sin que se recuerde por qué, se debería investigar.

Es interesante estudiar el problema inverso del que estamos examinando.

Y ... ¿las preguntas que hace son las preguntas correctas que debe hacer?

La comunidad de "hackers" a menudo tiene reacciones instintivas a preguntas que son demasiado simples, frecuentes o mal formuladas. Irritan y se rechazan más fácilmente. Tiene que demostrar su buena fe: ¿realmente ha trabajado en su problema o espera que alguien lo resuelva por usted? ¿Ha intentado reproducir y aislar su problema? ¿Explicárselo a alguien? En este punto, probablemente ya habrá respondido a su propia pregunta, así evitará hacerle perder el tiempo a alguien.

¿Sigue atascado? En este caso, presente su problema y mencione los pasos de la investigación y los intentos de resolución: mostrará su motivación, las vías que no tiene que volver a estudiar y su respeto por aquellos a quienes les pide su opinión. Recuerde recordar su objetivo inmediato y también su objetivo general en su contexto: entonces, ciertas soluciones serán más relevantes y evitará el problema que la sociología llama "X - Y": está pidiendo X porque esta es la etapa en la que está bloqueando actualmente, cuando su problema real es Y y hay una solución más adecuada.

No importa si ha tenido las instrucciones ideales para ir de Madrid a Barcelona, después a Sevilla, seguidamente de Sevilla a Valencia, Alicante, Murcia, Málaga, Almería, Huelva y finalmente Córdoba: si hubiera solicitado un viaje Madrid-Córdoba al principio, se le hubiera planteado el avión, el tren, la carretera, etc, y ningún desvío en el camino, aunque la dirección general pareciera buena.

El último bloqueo es de orden social: saber cuándo perseverar solo y cuándo pedir ayuda. Establezca un límite de tiempo, como media hora, para explorar la solución por su cuenta. Si después de este tiempo no logra avances, es recomendable buscar asesoramiento externo para evitar perder demasiado tiempo o causar frustraciones innecesarias. Por el contrario, pedir ayuda demasiado pronto puede privarle de un aprendizaje valioso, además de interrumpir innecesariamente el trabajo de otra persona.

7.2 Open source

Un número creciente de proyectos están ahora disponibles de forma gratuita y legal en Internet: el autor ha optado por compartirlos con una licencia de uso que le permite utilizarlos (con varias limitaciones o no) para simplificar su vida. Este es el caso de una parte cada vez mayor de las infraestructuras, en particular la web, desde la base de datos hasta el servidor de aplicaciones, incluido el lenguaje y los propios frameworks.

La ganancia para usted es obvia: tiempo, dinero, esfuerzo y reflexiones de toda una comunidad que ha probado usos mucho más específicos que el suyo. La ganancia para el proyecto también es significativa: más usuarios significa más necesidades y respuestas y, por lo tanto, más riqueza. Pero también es una fuerza de ataque superior cuando se trata de resolver errores complicados, analizar aspectos de seguridad, integraciones con otros elementos conocidos, etc.

Dedicarse a uno o más proyectos de código abierto, no es una decisión baladí: es necesario tener claro el esfuerzo que está dispuesto a invertir en él o ellos. ¿Publicar código y no ocuparse de él? ¿Promocionarlo? ¿Compartir activamente los comentarios de los usuarios potenciales? ¿Asumir el liderazgo del proyecto y asesorar a equipos potencialmente globales, con problemas de comunicación?

La palabra "invertir" lo ha dicho todo: es un coste al principio y ganancias al final, ya sea en código reutilizable, habilidades técnicas, exposición de estas habilidades, habilidades sociales o incluso, dinamismo de la comunidad. Este coste puede ser demasiado alto en términos de tiempo de inversión de personal. Los rendimientos pueden ser demasiado inferiores al esfuerzo invertido, pero también pueden ser increíblemente superiores.

7.3 Arquitectura

A lo lardo del tiempo, con la adquisición de nuevas habilidades y el aumento de responsabilidad, puede ser adecuado ofrecer a un ingeniero de software evolucionar hacia un rol de arquitectura de software.

La calidad del software depende de muchos factores, la mayoría de los cuales es imposible decir a priori si son buenos o no. La clave para convertirse en arquitecto de software es haber visto o diseñado muchas arquitecturas diferentes, basadas en diferentes sesgos en contextos similares y viceversa. En definitiva, haber acumulado experiencia. También es importante ver a dónde han llevado estas decisiones: una arquitectura que es "hermosa sobre el papel" quizás se ha convertido en una monstruosidad en términos de mantenimiento y evolución; un arbitraje mediocre puede haber salvado su proyecto de una revisión importante, gracias a las diferentes limitaciones que planteaba.

El arquitecto de software solo interviene en algunos momentos clave del proyecto: durante el diseño y durante una refactorización importante. ¿Cómo adquirir experiencia? Multiplicando los proyectos: dentro de su equipo para proyectos de descubrimiento y experimentación, en sus proyectos personales o de código abierto, etc. Entonces estará listo para ser un arquitecto de software increíble.

8. Perseguir el crecimiento profesional

8.1 La parte humana

No es una discusión con un colega o un gerente lo que explica su promoción o que le asignen determinados proyectos: es sobre todo la confianza que inspira, la simpatía que muestra y el respeto que le tienen. Además de los requisitos técnicos, su desarrollo también se basa en cuestiones sociales y humanas. Nunca pierda esto de vista.

Aparte de la "buena voluntad", también existe el poder: un negocio en decadencia puede ofrecerle desafíos temporales, pero no puede ofrecerle un crecimiento a largo plazo. Cualquiera que sea la situación, cuando hable con sus responsables, sepa escuchar y sea paciente: tiene conocimientos e información poco comunes que su interlocutor no tiene. Esto puede hacer que se sienta incómodo, vulnerable o abrumado. Tómese el tiempo para comprender sus peticiones: esto le permitirá identificar sus preocupaciones, calmarlas si es posible y, aunque no pueda resolver el problema, evitar empeorar la situación.

Reflexione sobre estas preguntas y aplique las lecciones, porque así es como se le verá desde fuera.

8.2 Desarrollo rápido e iterativo

Una forma "sencilla" de tranquilizar es reformular correctamente las preguntas, necesidades y prioridades. Priorizar bien significa ser eficiente con su presupuesto, en descubrir y resolver problemas.

Otra forma es la entrega periódica de prototipos: así demuestra su capacidad de hacer, anticipándose a los imprevistos que puedan surgir. Lejos de ser un código desperdiciado, un prototipo es una valiosa fuente de información sobre el perímetro funcional, la necesidad real del cliente y las posibles pistas de arquitectura que se deben utilizar y documentar, para desarrollar su proyecto principal.

9. Conclusión

Este capítulo está lleno de consejos. Seguramente ya entiende algunos que le parecen superfluos, seguramente haya otros que ignora, incluso otros le pueden parecer lejanos o accesorios. Aplicar todo, de inmediato, parece una tarea aterradora. Su cerebro es una hermosa máquina e igualmente está sujeto a fallos y equivocaciones. ¡Manténgalo activo y sea racional, curioso y proactivo, pero sobre todo... Diviértase!

El código es una actividad creativa y liberadora. Lo ha convertido en su trabajo o quiere hacerlo. ¡Disfrútelo!

!

A

B

C

D

E

F

G

H

I

J

K

L

Q

R

S

T

U

V

W

X